静岡県の戦争遺跡を歩く

争遺跡研究会

静新新書
033

はじめに

戦争遺跡とは何だろうか？　遺跡とは、人類の生活の跡が、移動できないモノ（遺構）と、移動可能なモノ（遺物）によって残される場所をいう。それに戦争がつくのだから、戦争という行為が、遺構・遺物となって残る地をいうことになる。十菱駿武・菊池実編集の『続・しらべる戦争遺跡の事典』（柏書房・二〇〇三年）では、戦争遺跡を「近代日本の侵略戦争とその遂行過程で、戦闘や事件の加害・被害・反戦抵抗に関わって国内国外で形成され、かつ現在に残された構造物・遺構や跡地のこと」と定義し、次のように整理している。

①政治・行政関係……陸軍省・海軍省などの中央官衙《かんが》、師団司令部・連隊本部などの地方官衙、陸軍病院、陸軍学校、研究所など。

②軍事・防衛関係……要塞（堡塁《ほるい》・砲台）、高射砲陣地、陸海軍の飛行場、陸軍演習場、練兵場、通信所、軍港、洞窟陣地、特攻隊基地、待避壕、掩体壕《えんたい》（飛行機の格納庫）、試射場、監視哨（空襲に備えての敵機の監視台）など。

③生産関係……陸軍造兵廠《ぞうへいしょう》、航空機製作工場などの軍需工場、経済統制を受けた工場、地下工場など。

④戦闘地・戦場関係……沖縄諸島、硫黄島などの戦闘が行われた地域、空襲被災地、原爆被爆地など。
⑤居住地関係……外国人強制連行労働者居住地、防空壕、捕虜収容所など。
⑥埋葬関係……陸海軍墓地、捕虜墓地、忠魂碑（戦死者の記念碑）など。
⑦交通関係……軍用鉄道軌道・軍用道路など。
⑧その他……航空機の墜落跡、奉安殿（天皇の「御真影」を祭る社）、学童疎開所、慰安所など。

単純に戦場や軍隊に直接関連するものだけでないことがわかる。戦争が交戦国の軍隊による一戦の勝敗によって決まるという時代ははるか過去のものとなり、現在は兵器の「進歩」によって、国土のすべてが戦場となり、被害は国民すべてに及び、兵士はその国民の生産した兵器を手に、次々に戦場に向かうようになった。ひとたび戦争となれば、戦争に賛成であっても反対であっても、戦争に関連せずには生活できないのが現在の戦争の姿である。したがって、戦争遺跡も広範囲に及ぶのは当然であろう。

すでに、兵士として戦場を体験した人は、数少なくなった。これは、子として孫として、戦場の体験を語る家族の、日常とは異なる表情から、戦場の異常さを感じ取る体験をすることは、ほぼできなくなったことを意味する。やがては、子どもの頃米軍機の攻撃下をにげまどった体験を聞くこともできなくなる。しかし、ここ静岡県もかつて戦場であり、県民は戦争により死傷し、一方で兵士として戦場に向かい、工場ではその兵士が持つ兵器を生産していたことは、われわれが共有する重苦しい遺産であり、平和を考える素材として、語り継がれなくてはなるまい。そのためには、語りにかわる証拠としての戦争遺跡が、保存・継承されていくことは必要である。

人々と地域と戦争とがどのような関係にあったのかについて、静岡県域はこれまで多くの調査・研究の対象となってきた。『静岡県史』（一九九六年・一九九七年）や荒川章二『軍隊と地域』（青木書店・二〇〇一年）等に研究成果がまとめられ、戦争遺跡についても、静岡県近代史研究会が『史跡が語る静岡の十五年戦争』（青木書店・一九九四年）でその調査成果を発表し、県教育委員会は、『静岡県の近代化遺産』（二〇〇〇年）に「軍事施設」の項を設け、その調査を報告している。

しかし、それらの研究から一〇年近い歳月が過ぎた。その間も戦争遺跡は研究され続け、平和を考える素材としての輪郭を、よりはっきりみせるようになっている。その成果を一冊にまとめることは、無意味なことではあるまい。近年研究がすすみ、新たな意味を見出すことができるようになった遺跡や、開発が進んで消滅する危機にあったり、劣化がいちじるしく、保存が急がれる遺跡などを中心に、紙幅の許す範囲で紹介していきたい。

本書が、実際のモノ資料をとおして、戦争と平和について考える道案内となることを、執筆者一同願っている。

村瀬隆彦

・遺跡・施設の位置により、およそ西から順に記載した。

・記載内容は、執筆者の個人的な見解を述べたものであり、静岡県戦争遺跡研究会の見解を示したものではない。

・執筆者は、各項に記した。

・参考文献は、巻末に一覧化した。

・現在あまり使用されない漢字等は、現在使われることが多い通称で記した。例えば、聯《れん》隊《たい》は連隊と記した。

・市町村名等地名は、原則として二〇〇九年六月に使用されているものとした。

・遺跡の内容が多様であることから、例えば、小見出しを付けたり、散策するかたちで記すなど、各遺跡を理解するのに適した記述方法をとり、体裁を統一することはしなかった。

・写真は、原則として執筆者が撮影し、一部静岡新聞社が撮影した。所有者に本書掲載を目的に撮影許可をいただいているものもあるため、無断転用はお控えいただきたい。

目　次

目次

1　引佐町凱旋門を造った人々（村瀬隆彦）

日露戦争の凱旋紀念門は、帰還する兵士を歓迎するために、各地に設けられた。多くは仮設のものであるが、恒久的なものも造られている。現存するものとしては、鹿児島県始良《あいら》郡始良町の山田凱旋門が知られている。高さ四・七m、幅四・八八mの石造りで、上部は鹿児島県に伝わる石橋造りの技術を応用したアーチ型をしており、技術史的にも貴重なものとして、二〇〇〇年に文化財として登録されている。一九〇六（明治三九）年に山田村兵事会が造ったもので、村から従軍した兵士が帰還の際にくぐったのではないかと推測されている。

もう一つは、浜松市北区引佐町渋川の渋川六所神社にある。一九〇六年三月に、旧渋川村の人たちが建立したもので、基礎・柱脚・笠石部分は切石を使用し、その他はフランス積みの煉瓦造で、柱間は一〇尺（約三m）、基礎上端から笠石上端までの高さは一〇・七尺（約三・二m）である。正面のアーチ上部には、「凱旋紀念門」と刻まれた石板が埋め込まれ、左の柱脚背面に建造年月、右の柱脚に日清戦争従軍者（一六人）の名が、左に日露戦争従軍者（六三人）の名が、それぞれ階級別に兵種とともに刻まれている。戦死者として刻まれたのは二人、戦病死者は三人である。建設費は約一九六円かかったといわれる。門には寄付人名も刻まれることから、寄付に頼る建設だったのだろう。

日露戦争に際して、県内から集められた人は約三万三〇〇〇人で、それは、一六歳から六〇歳の男子の八・七％にあたる。死者は少なくとも二四五七人にのぼり、それは、当時の県内戸数が約二三万戸であることを考えると、およそ一〇〇戸に一人の割合となる。小さい村でも数人の死者が出たことを意味する。

渋川の凱旋紀念門

しかも、戦争は国家と国家による行為であるから、従軍する国民や残された家族の保障は、国家が責任を負うと考えるのが自然なのに、日露戦争当時、従軍した人々とその家族に対する補償はきわめて不十分で、当時の従軍者の平均的な年収が一二〇円前後であったのに対し、国家からの扶助額はわずかに年二〇円程度であった。残りは、親族や地域が負担したのである（死者の町村葬にも国家は費用負担をしていない）。戦争費用をまかなうための、戦後の国税増税を含め、人々の負担は大きかった。このようななかで、凱旋門は造られたのである。

門は、県内初期煉瓦造の構造物としても重要であり、二〇〇二（平成一四）年に登録文化財となった。戦争遺跡保存全国ネットワークの調べによると、全国で一四三件が指定・登録されているなかで、県内で指定・登録されているのは、わずかにこの門と清水区禅叢寺扁額の二例だけである。日露戦争はもちろんのこと、アジア・太平洋戦争の体験者も、少なくなっている。かわって、活字資料やモノ資料によって、戦争を語り継いでいく必要があろう。残る資料を世代を超えて継承していくための努力は、まだはじまったばかりといえる。戦争遺跡の指定・登録を後押しする市民の声をあげていく必要があるだろう。

コラム

指定文化財と登録文化財（村瀬隆彦）

従来、国・地方公共団体が重要なものを厳選し、強い規制と手厚い保護（公費による補助）を行う対象が、「文化財」とよばれてきた（文化財保護法・一九五〇年制定）。建造物・美術工芸品（歴史資料を含む）等形のあるものを有形文化財、芸能や技術を無形文化財、遺跡や名勝地を記念物と区分する。このほか、民俗文化財、埋蔵文化財などがある。

しかし、厳選主義では、漏れ落ちるものが大量であることから、二〇〇〇年に文化財登録制度が加わった。これは、築後五〇年程度を経たもののなかで、造形の規範となったり再現することが容易でないもの等を対象に、届出により指導・助言等がおこなわれる、ゆるやかな制度である（かわりに公費負担は少額）。二〇〇八年二月末では、国全体で五九一三件が登録され、そのうち約八〇％が建造物、約八四％が近現代のものである。

登録が容易ということは抹消も容易であるから、登録されても恒久的に保護されることを意味するわけではない。戦争遺跡は、改変されていたり美術的価値に乏しいものが多いため、多くは指定基準にかからない。県内でも、戦争を伝えることが第一の価値と考えられる遺構で文化財となっているものは、わずかに二例で、いずれも登録文化財である。

図解

軍の組織図（村瀬隆彦）

軍隊の組織・階級・兵員数の関係概念図（歩兵連隊が４つある師団の例）

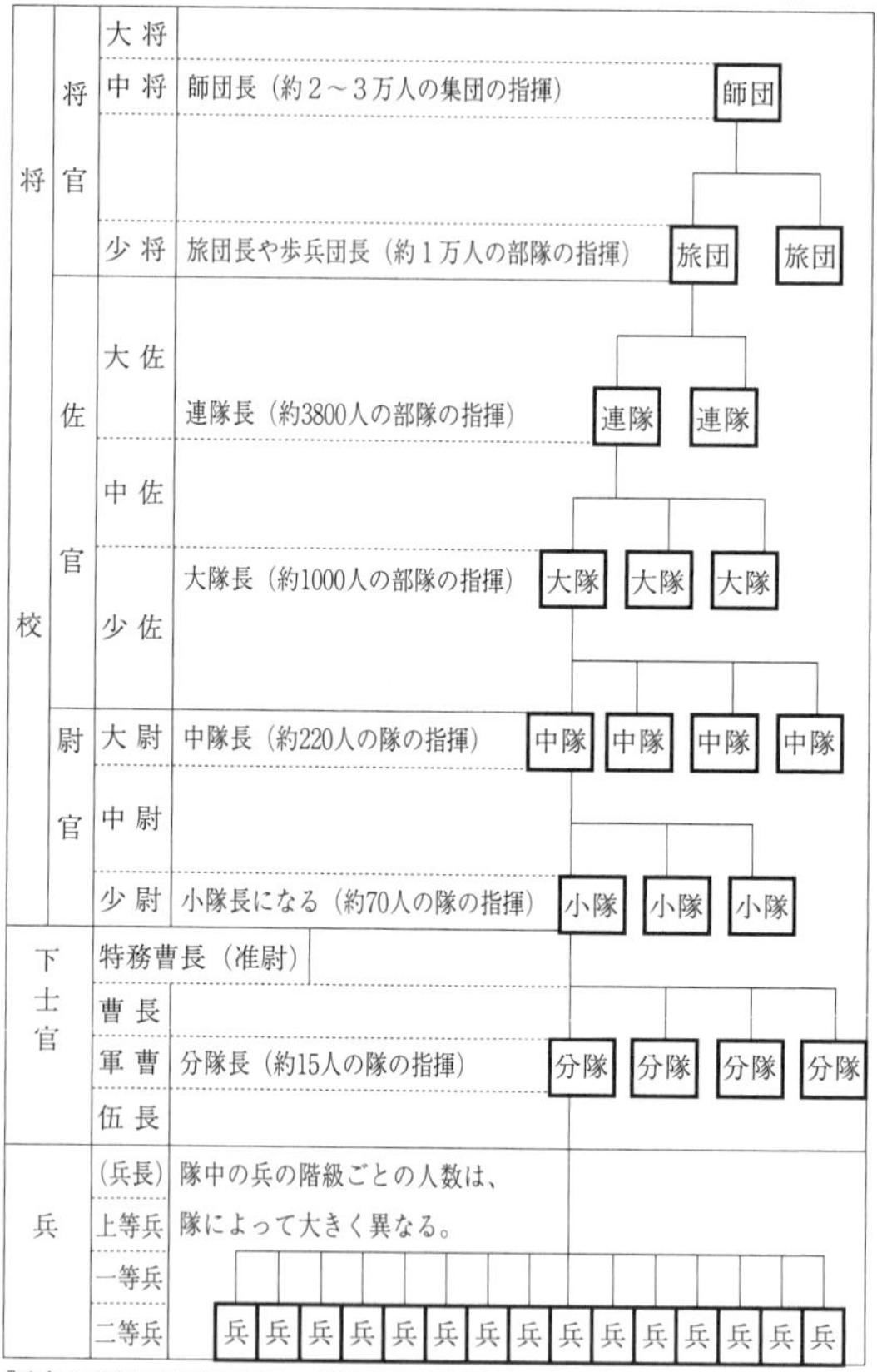

『戦争の記録 SHIZUOKA』（静岡平和資料館をつくる会・2000年）を一部改変

2　新居の浜名海兵団跡（竹内康人）

海兵団は新兵を教育するところである。海兵団は横須賀・呉・佐世保・舞鶴におかれていたが、アジア太平洋戦争前までに三カ所が新設され、一九四四年にはさらに一一カ所が増設された。そのひとつが、新居駅の南におかれた浜名海兵団である。浜名海兵団で訓練を受けた兵員や学生の数は一万数千人という。

浜名海兵団の建設は土地を強制的に接収しておこなわれた。工事は一九四四年二月にはじまったが、横須賀海軍施設部が工事を担当し、その下で請負業者が建設をすすめた。源太山を崩して建設用土が採取されたが、この山土の採取と整地作業には約一〇〇人の朝鮮人が従事した。海兵団は五月に開庁したが、その後も建設工事がすすめられた。八〇〇〇人の兵員や学生を収容できる施設が整い、一一月に改めて開庁式がおこなわれた。浜名海兵団には台湾出身の兵士も在籍した。海兵団では一九四四年八月に米軍の不発魚雷を解体中に爆発事故がおき、九人が死亡した。鷲津には海軍技術研究所鷲津分所もおかれた。

海兵団の一日は総員起こしのラッパで始まった。服装を整えて宿舎前に整列したが、列が乱れると教官が殴打した。栄養不足と訓練で「体はぼろぼろ」になった。元隊員は「戦争はあらゆる自由を奪う。それはとてもつらいこと。歴史をよく学んでほしい」と語る。

浜名海兵団は一九四五年四月には浜名警備隊となり、伊勢、伊良湖、御前崎、網代に分遣隊を派遣した。新居の源太山、橋本、大倉戸、中之郷、三ツ谷、湖西の女河浦、三ケ日の大谷などに陣地を構築した。『阪復』静岡県区内接収関係」には新居海兵団と防備陣地の図面がある。それによれば、海岸にはトーチカが一三個、山地には三一個の洞窟陣地と三個の弾薬庫が作られた。

源太山には機関砲の陣地が作られた。三ツ谷には、機銃陣地と弾薬庫が作られ、三ツ谷の山中の角江には中腹を北から南へと貫く一〇〇mほどの大規模な壕が掘られた。平次ヶ谷の山頂には見張り用の壕が掘られた。その山頂の壕は地下に垂直に入り、東西三〇mの壕に連絡していた。

浜名警備隊が手がけた最大の陣地が女河浦の特攻基地であった。浜名湖岸に接する小高い山に特攻用の壕が掘られた。壕は二〇本ほど掘る計画であったが、五本ほど掘ったところで工事は中止された。この基地は第一三突撃隊に属していた。戦後、壕に利用されていた木材を撤去したため、いまは崩れて跡形もない。

この海兵団は米軍による空襲や艦砲射撃を受けた。一九四五年七月の艦砲射撃の際には、海兵団へと艦砲弾二四〇発が撃ち込まれた。防空壕が直撃され六七人が死亡した。埋まった人たちを板切れで掘り出したところ、手や足だけや肉の塊となり、血の海だったという。一九四五年八月の豊川海軍工廠への爆撃によって工廠へと派遣されていた隊員ら二二人が死亡した。

敗戦後の九月から十月に浜名海兵団へと朝鮮・台湾出身の兵がそれぞれ二〇〇人ほど送られてきた。朝鮮出身の兵は解放状況のもと、さまざまな要求をかかげて活動したという。

海兵団跡には長さ一一ｍほどのカマボコ形のコンクリート製防空壕が一つ残っている。山中には構築されたトーチカや壕も一部が残っている。

新居にある「浜名海兵団戦没者慰霊碑」（一九七八年建立）には魚雷事故、艦砲、豊川海軍工廠爆撃、戦病死などの死者一四七人分が刻まれている。

神宮寺の北側には、一九四五年七月二五日に撃墜された米機Ｂ17の米兵死者を追悼する碑があり、死者名も刻まれている。住職によって、当初は十字架が建てられ、一九五二年に碑が建てられた。この碑は、「仏教に国境はなく死者を差別しない」という住職の慈悲の心を示すものである。

これらの戦争遺跡は新居での戦争の歴史と国境を超える志を語り伝えるものである。

新居の米兵死者を追悼する碑

海兵団跡に残る防空壕

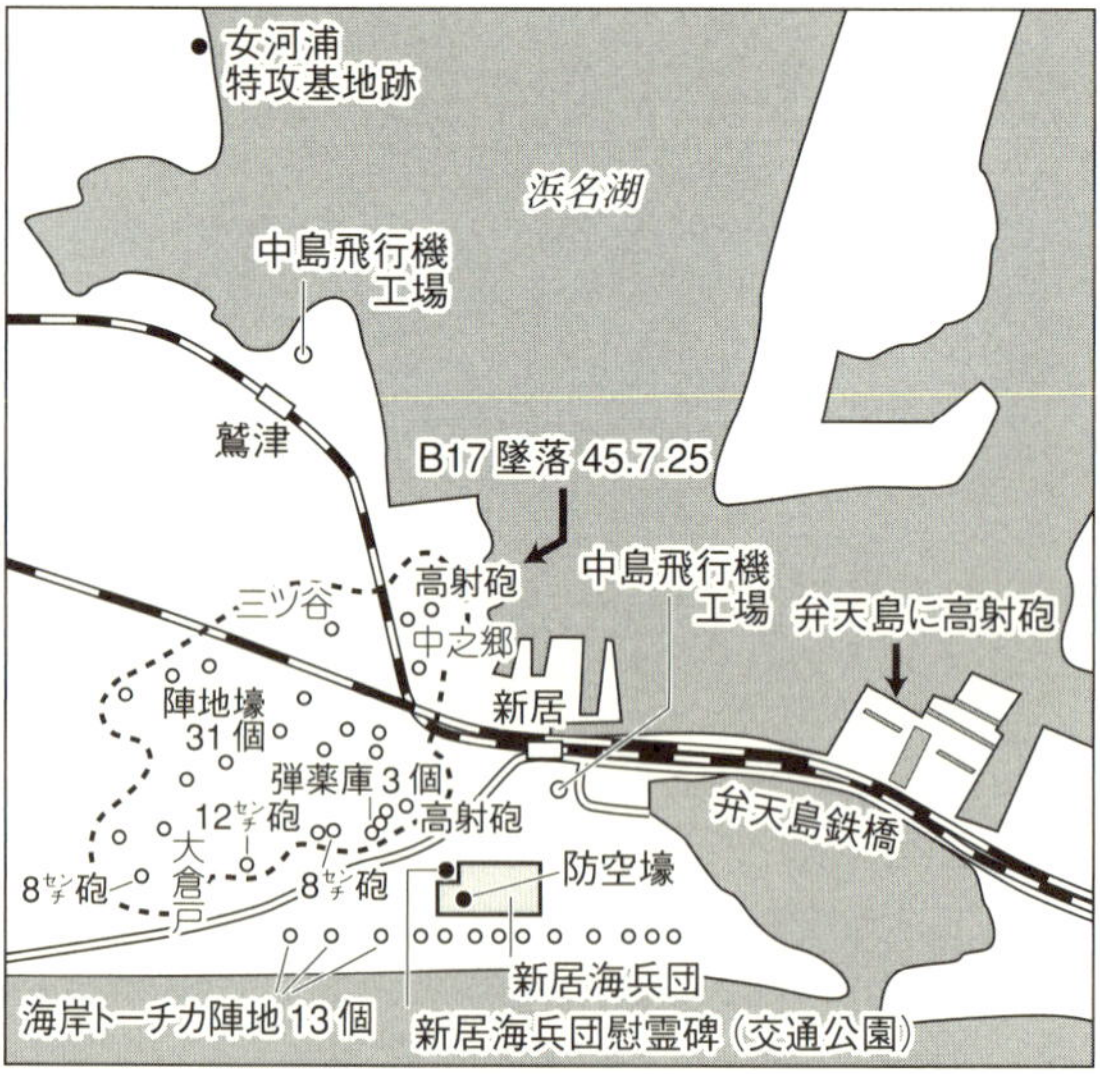

浜名海兵団

3　陸軍浜松・三方原飛行場関連遺跡群（竹内康人）

浜松市の北方、三方原台地に陸軍の飛行場が建設されたのは一九二六年のことだった。ここには爆撃を任務とする飛行第七連隊がおかれた。現在ではホンダの工場がこの部隊の司令部の跡地にある。当時の新聞記事から、この飛行場の建設には多数の朝鮮人が働いていたことがわかる。後の基地拡張工事でも朝鮮人が動員された。

この飛行第七連隊の練習部は一九三三年に浜松陸軍飛行学校となった。陸軍飛行学校の司令部があったところには航空自衛隊浜松基地の司令部関連の建物が建てられている。戦前からのものとしては、基地資料館として使われている木造の建物や、地下指揮所として構築されたコンクリート製の建物が滑走路近くにある。これらは基地祭などの開放日に見学することができる。

浜松に爆撃用の航空部隊が置かれると、三方原台地の北方は爆撃場とされ、爆撃場の南には三方原飛行場が新たに建設され、第七航空教育隊や化学戦部隊である三方原教導飛行団などがおかれた。また、小豆餅に第一航測連隊が設立されるなど、軍事基地の拡張が続いた。このような基地の拡張にともない、三方原の基地からの排水を溜める大きな溝が掘られた。

これが「長池」であり、現在も排水用に使われている。

当時の第七航空教育隊の門柱はいまも見ることができる。爆撃場の周辺には監的が置かれたが、豊岡にその跡が残っている。爆撃場内にある民家の庭には円形の防空施設が残されている。

航空部隊とともに高射砲部隊もおかれた。この部隊は静岡大学の工・情報学部がある場所にあった。大学周辺の土塁は当時のものである。大学の横の和地山公園は陸軍の練兵場として使われていた。和合には陸軍病院がおかれていたが、現在では市民用の病院として使用されている。構内には「陸軍用地」の石柱などが残されている。陸軍墓地もおかれ、その跡地にも石柱が残っている。そこには忠霊殿も残されていたが、近年取り壊された。憲兵隊が基地南方の鹿谷におかれた。憲兵隊の跡地にも陸軍の石柱が残っている。

戦争末期には多数の地下壕が基地の周辺に掘られた。地下壕のいくつかが残存している。たとえば、高台公民館の下方に壕があるが、入り口は埋没している。戦後の浜松市の調査では二〇〇個ほどの壕が判明しているが、多くが埋め直されている。

このように浜松・三方原には爆撃部隊を中心とする軍事基地が一九二〇年代後半から建設され、実戦にむけての訓練がおこなわれた。一九三一年の「満州」侵略戦争にともない、飛行第七連隊から飛行第七大隊第三中隊が派兵され、日本に抵抗する中国人部隊を爆撃した。その後、この部隊は浜松から派兵された他の部隊と合同して飛行第一二大隊に編成され、「満州」に基地をおいた。その基地周囲には高圧電流を流して警備した。

航空自衛隊浜松基地内に残る陸軍飛行学校期の建物

一九三七年七月の中国への全面戦争にともない、浜松から飛行第五大隊、飛行第六大隊、独立飛行第三中隊などが派兵された。これらの部隊は中国各地を爆撃した。「満州」の飛行第一二大隊も中国爆撃に参加した。一九三八年にはこれらの部隊が、飛行第一二戦隊、飛行第三一戦隊、飛行第六〇戦隊、飛行第九八戦隊へと再編された。飛行第六〇戦隊・飛行第一二戦隊・飛行第九八戦隊は中国奥地の重慶への爆撃にも参加するなど、中国民衆への無差別爆撃を数多くおこなっていく。浜松を起点とする陸軍爆撃部隊はその後も次々に増殖し、各地に派兵されていった。

一九四一年末からのアジア太平洋戦争により、これらの爆撃部隊は東南アジアに派兵され、マレー・シンガポールをはじめ各地を爆撃した。

陸軍爆撃部隊の跡地の一部は、現在では航空自衛隊浜松基地として使用されているが、この地には中国をはじめとするアジア爆撃に向けての派兵拠点であった歴史がある。

軍事基地の排水用地「長池」（浜松市初生）

旧爆撃場内の掩体（浜松市豊岡）

浜松憲兵隊跡の石柱（浜松市鹿谷）

浜松陸軍飛行学校では航空用の毒ガス兵器の研究がすすめられた。陸軍飛行学校が主導した「満州」での毒ガス使用訓練もおこなわれ、一九三八年にはハイラルで、一九四〇年には白城子で航空毒ガス戦の訓練がおこなわれた。毒ガスにはイペリットや青酸ガスなども使われた。このような実戦にむけての訓練をしたうえで、中国戦線では航空機から毒ガス弾を投下している。それは戦争犯罪だった。

三方原でも毒ガスの訓練がおこなわれ、陸軍の航空毒ガス戦部隊として三方原教導飛行団も設立された。戦後、毒ガス戦の証拠を隠すために毒ガスを浜名湖に投棄したが、浮上して死亡事故も起きた。これらの毒ガスは遠州灘へと再投棄された。毒ガス缶が三方原で工事中に発見されたこともある。毒ガス戦の歴史は隠蔽できなかったのである。

一九四四年には浜松陸軍飛行学校は浜松教導飛行団とされ、特攻部隊（富岳隊）も編成されて、フィリピンで実戦に投入された。一九四五年には浜松で沖縄戦特攻部隊の「義烈空挺隊」の輸送部隊の編成がおこなわれた。

浜名湖の舘山寺では熱線吸着爆弾の研究がおこなわれた。浜名湖では航空機によるこの爆弾の投下実験や跳飛弾などの投下訓練もおこなわれた。本土決戦用に配置された第一四三師団などの陸軍部隊は浜松周辺に多くの陣地を構築した。根本山には今も大きな地下壕が残る。

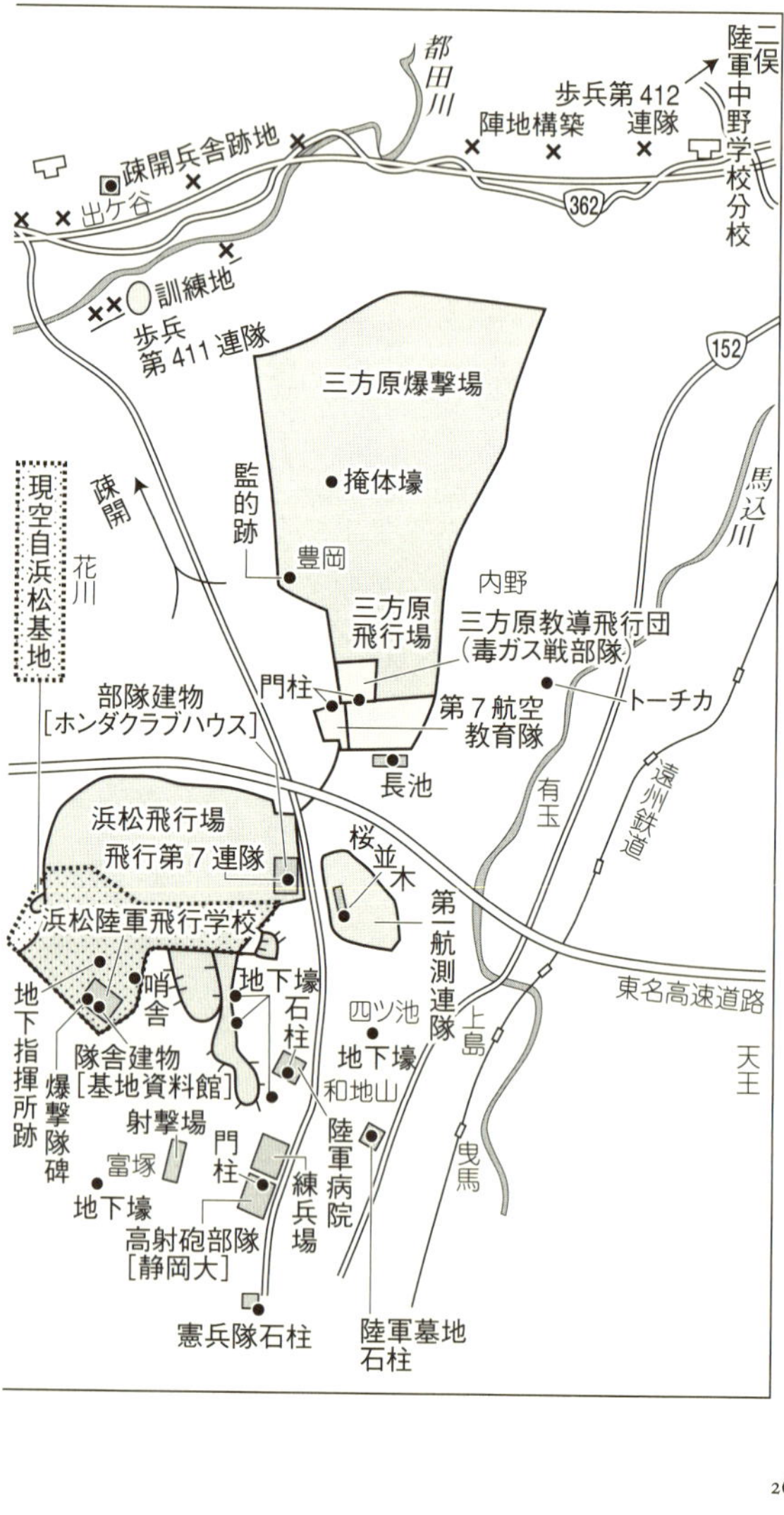

都田川
二俣
陸軍中野学校分校
歩兵第412連隊
陣地構築
疎開兵舎跡地
出ケ谷
362
訓練地
歩兵第411連隊
152
三方原爆撃場
掩体壕
監的跡
豊岡
疎開
現空自浜松基地
花川
馬込川
内野
三方原飛行場
三方原教導飛行団
（毒ガス戦部隊）
トーチカ
門柱
部隊建物
［ホンダクラブハウス］
第7航空教育隊
長池
有玉
遠州鉄道
浜松飛行場
飛行第7連隊
桜並木
第一航測連隊
浜松陸軍飛行学校
東名高速道路
地下指揮所跡
哨舎
地下壕
石柱
四ツ池
地下壕
上島
爆撃隊碑
隊舎建物
［基地資料館］
和地山
天王
射撃場
門柱
陸軍病院
富塚
練兵場
曳馬
地下壕
高射砲部隊
［静岡大］
憲兵隊石柱
陸軍墓地
石柱

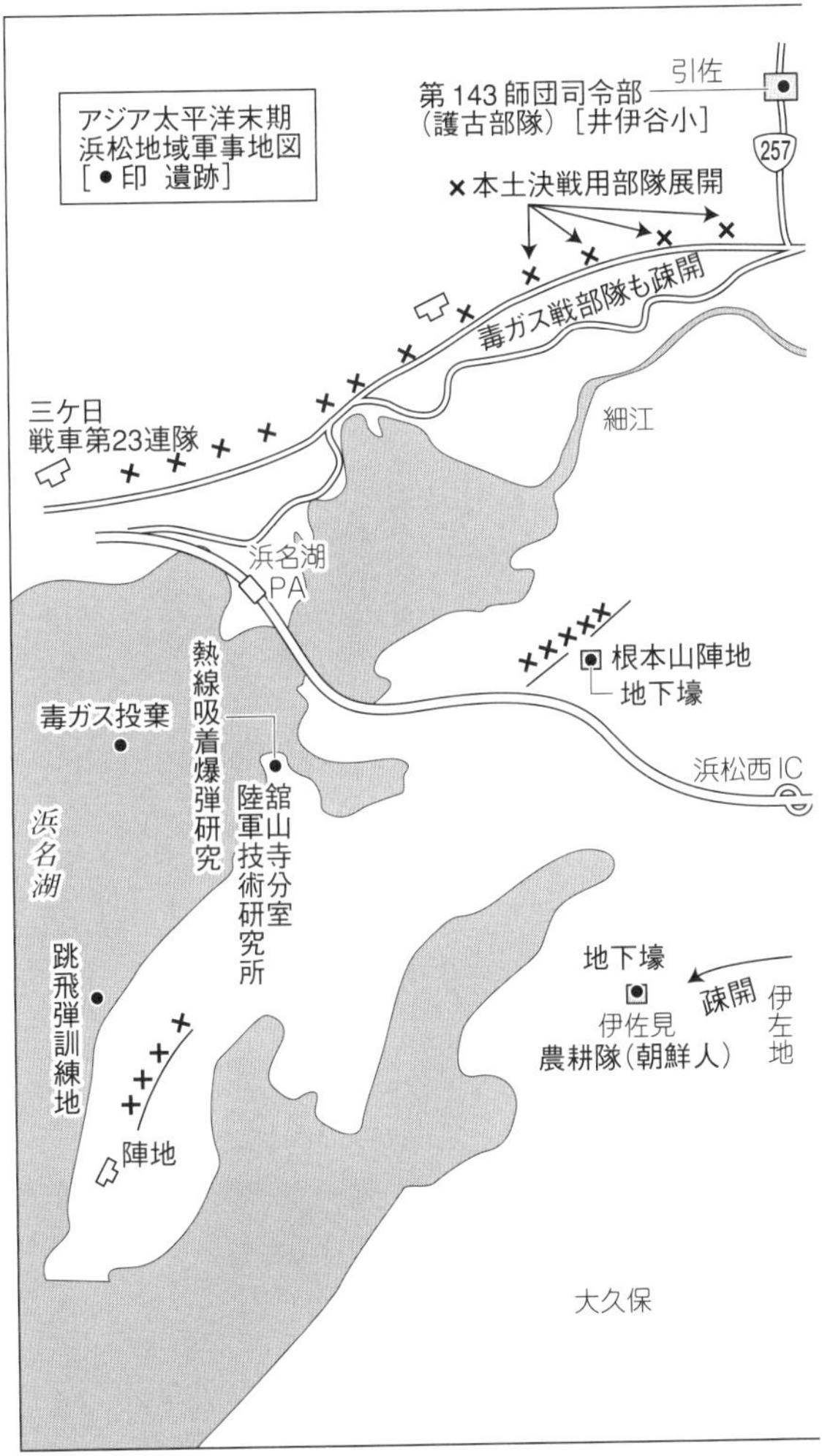
アジア太平洋末期
浜松地域軍事地図
［●印 遺跡］
引佐
第143師団司令部
（護古部隊）［井伊谷小］
257
×本土決戦用部隊展開
毒ガス戦部隊も疎開
三ケ日
戦車第23連隊
細江
浜名湖
PA
根本山陣地
地下壕
熱線吸着爆弾研究
毒ガス投棄
館山寺分室
陸軍技術研究所
浜松西IC
浜名湖
跳飛弾訓練地
陣地
地下壕
疎開
伊佐見
農耕隊（朝鮮人）
伊左地
大久保

二俣には諜報戦部隊である陸軍中野学校の分校もおかれ、ここで訓練された人々は沖縄やフィリピンなど各地の戦場に送られ、諜報活動をおこなった。分校跡地には碑があり、陸軍用地の石柱も残る。

浜松の日本楽器はプロペラ生産工場となり、鈴木織機は兵器生産工場となった。さらに中島飛行機の浜松工場が建設されるなど、航空機生産を中心とする地域の軍需工業化がすすんだ。戦時体制のなかで、中小工場も航空機や兵器の生産に組み込まれていった。

このように浜松地域は航空爆撃部隊の成立によって、中国などアジア各地での爆撃に向けての派兵の拠点となった。また毒ガス戦研究や新兵器研究の拠点となり、戦争末期には特攻部隊も編成された。さらに軍用陣地が各所に構築された。

浜松・三方原地域に残る戦争遺跡はこのような歴史を語るものである。これらの遺跡から戦争の非人間性と人間の尊厳と権利の大切さを学ぶことができる。

4　浜松空襲の痕を歩く―浜松空襲関連遺跡群―

（竹内康人）

浜松地域は戦争末期に米軍による激しい空爆を受けたが、それは北部に陸軍爆撃隊の基地があり、市内には軍需生産を担う工場群があったからである。米軍は遠州から豊橋までを浜松地域に区分して爆撃を加えたが、遠州地域への空襲の回数は、爆撃機・艦載機による攻撃や艦砲射撃などを含めると、六〇回ほどになる。これらの空襲による死亡者数は四〇〇〇人を超えるとみられるが、遠州地域の空襲死亡者名簿の作成によって、豊川海軍工廠への空襲での県西部出身者の死者名を含めて三九〇〇人ほどの氏名が明らかになっている。

浜松地域への空襲は一九四四年一一月末からはじまった。空襲の標的となったのは軍需工場や軍事基地であったが、夜間の無差別空襲もおこなわれた。米軍の爆撃用資料をみると攻撃目標として日本楽器、中島飛行機、鈴木織機、国鉄工機部などの軍需工場や浜松・三方原の飛行場などの軍事基地があげられている。

一九四五年四月の浜松爆撃のための地図には標的とされた日本楽器を中心に円が描かれている。六月の浜松大空襲の爆撃用写真では板屋町交差点を爆撃中心点にしている。

浜松地域で数多くの死者を出した空襲としては、一九四五年二月一五日・死者約一五〇人、四月三〇日・死者約九〇〇人、五月一九日・死者約六〇〇人、六月一八日・死者約一八〇〇人などがあり、七月二九日の艦砲射撃では約二〇〇人が死亡した。愛知県の豊川海軍工廠への八月七日の空襲では二四〇〇人以上が死亡したが、そのうち二〇〇人以上が静岡県西部地域からの動員者である。

空襲の記録を読むと、当時の状況が次のように記されている。

四月三〇日の空襲では、連尺の新兵百人ほどの集合地が直撃され、多くの兵士が手足を失い胴体を寸断された。楊子の石川鉄工では一八～二〇歳の女性たちが被爆し、背骨が折れ内臓が露出した。東洋紡では女子寄宿舎が爆撃を受け、一七～八歳の一四人の少女が爆死し、首のないもの、手足のないもの、腹部から大腸の出るものなど悲惨な状況であった。空爆によりばらばらに飛び散り、大きな木の枝に肢体や服地がかかった。寺の庭木に両手と腰から下を失ってぶら下がり片方の眼球は頬まで垂れ下がるなど、地獄のような風景だった。

五月一九日の空襲では、中島の防空壕では四人が死亡したが、吹き飛ばされた壕の杭の間に大腿部の筋肉が挟まり、現場には一人の姿もなかった。砂山の壕では五人が粉々になり、肉の塊が土砂にまみれていた。人々は砂にまみれた肉の塊を分け合って埋葬した。遠州病院に負傷者が殺到したが、腹部から腸が露出したもの、臀部をもぎ取られ直腸が切れて大便が出ているもの、顔面が半分吹き飛ばされたものなど、病院内に悲鳴・哀願・怒号が満ちた。

六月一八日の空襲では、尾張の公衆防空壕で三〇余人が窒息・焼死、野口では母親が赤ん坊を抱え道端で焼死した。元目町角の防火用水には頭から半身を水に入れたまま母親が死亡、近くには子ども四人が間隔を置いて倒れていた。鴨江では壕口近くに着弾、女性たちの下半身が埋まり焼死した。新町の防空壕では一家五人が蒸し焼き状態で死亡した。馬込川からは悶え苦しむ人々の異様な声が響いた。

市街地は一夜にして廃墟になった。蒸し焼きになって黄褐色にずりむけたもの、黒焦げで男女の識別すらできないもの、防火用水に首を突っ込み、体をへし折るように死んだものもいた。死体をトタン板に乗せ、積み上げて焼いた。市内一面に死体を焼く異臭が数日間漂ったという。

七月二九日の艦砲射撃の目標は、浜松工機部・浜松駅・日本楽器・東洋紡績・日本無線・西川鉄工・鈴木織機・遠州織機などであり、七〇分間で二一六〇発が撃ち込まれた。浜松駅の防空壕は直撃弾を受け、死者は五〇人を超えた。東海道線の列車も直撃を受け、鮮血と肉片が車内に飛び散り、客車は「鉄棺」となった。

空襲はこのような悲惨な状況をもたらしたが、この空襲の痕は浜松市内各所に残されている。

浜松駅前には空襲で生き残ったプラタナスの木があり、「市民の木」と命名されている。同様のプラタナスが飯田公園と浜松城公園に移植され保存されている。田町の静岡銀行浜松支店の建物も空襲で焼け残ったものである。利町の五社神社には空爆で破損した碑がある。近くには空襲関係資料を展示している浜松市復興記念館がある。浜松城公園には「浜松市戦災被爆者慰霊碑」があり、この碑の前で毎年六月一八日に空襲死者の追悼式がもたれる。新町の夢告地蔵像は空襲によって破損したが、復元された。頭陀寺や三組町の菩提寺、西伊場の見海院などには被爆した墓石が残っている。

駅南方には浅野重工や河合楽器などの軍需工場が多数あり、空爆の対象になった。寺島の河合楽器の入口近くには追悼碑がある。寺島の民家の壁には爆撃痕が残っている。馬込川にかかる楊子橋には機銃とみられる弾痕がいくつも残っている。龍禅寺の阿弥陀如来は被爆し首を失ったが、復元されている。

駅東方にある植松町の円通寺の山門には空襲によって炎に包まれた跡が残っている。植松町第一公園には地域の戦争死者を追悼する碑があり、そこには氏名・死亡地・死亡年月日などが刻まれている。碑を見ると、死亡地には河合楽器、鈴木織機、竜禅寺フイルム工場、鴨

慰霊碑（浜松城公園）

プラタナス（飯田公園）

馬込川弾痕（揚子橋）

夢告地蔵（新町）

円通寺山門（植松町）

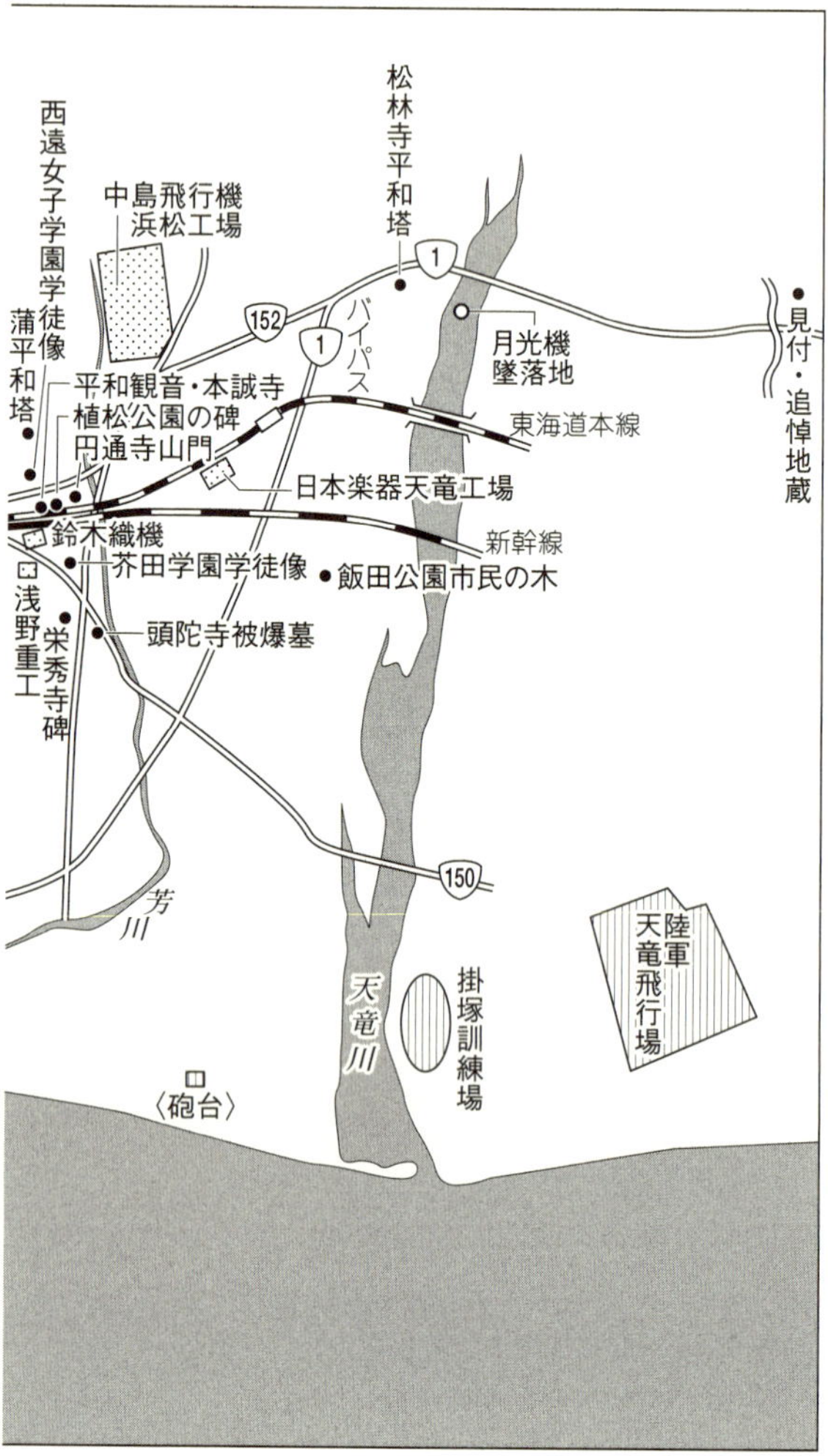
松林寺平和塔
西遠女子学園学徒像
中島飛行機
浜松工場
蒲平和塔
152
1
1
バイパス
見付・追悼地蔵
月光機
墜落地
平和観音・本誠寺
植松公園の碑
円通寺山門
東海道本線
日本楽器天竜工場
鈴木織機
新幹線
芥田学園学徒像
飯田公園市民の木
浅野重工
栄秀寺碑
頭陀寺被爆墓
150
芳川
陸軍
天竜飛行場
天竜川
掛塚訓練場
〈砲台〉

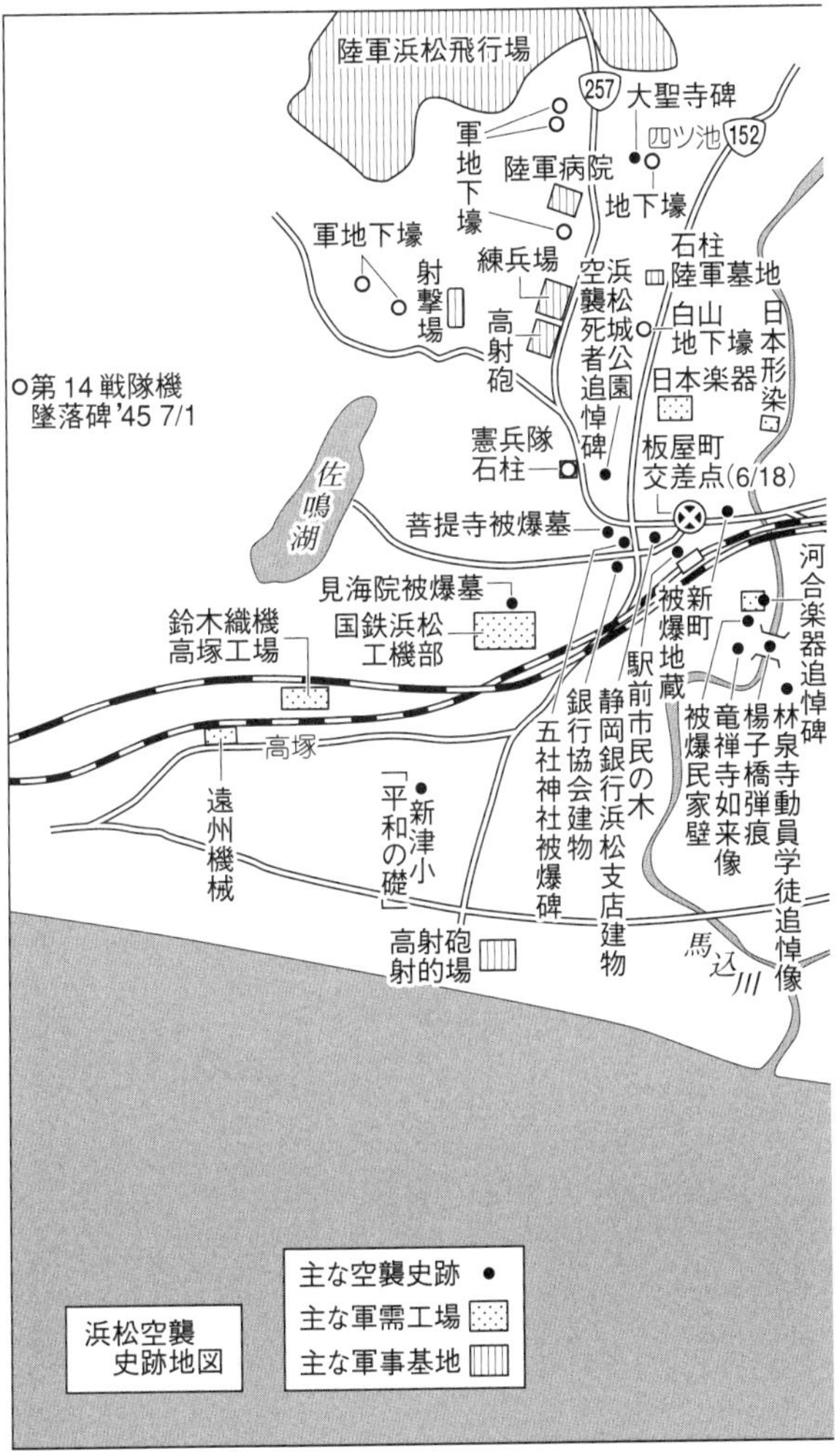
陸軍浜松飛行場
257
大聖寺碑
四ツ池
152
軍地下壕
陸軍病院
地下壕
軍地下壕
射撃場
練兵場
高射砲
空襲死者追悼碑
浜松城公園
石柱
陸軍墓地
白山地下壕
日本楽器
日本形染
第14戦隊機墜落碑'45 7/1
憲兵隊石柱
板屋町交差点(6/18)
佐鳴湖
菩提寺被爆墓
見海院被爆墓
鈴木織機高塚工場
国鉄浜松工機部
被爆地蔵
新町
河合楽器追悼碑
駅前市民の木
静岡銀行浜松支店建物
銀行協会建物
五社神社被爆碑
被爆民家壁
竜禅寺如来像
楊子橋弾痕
林泉寺動員学徒追悼像
高塚
遠州機械
新津小「平和の礎」
高射砲射的場
馬込川
主な空襲史跡
主な軍需工場
主な軍事基地
浜松空襲史跡地図

江、北寺島、自宅防空壕などがあり、市民の空襲死を知ることができる。近くの本誠寺には戦争死亡者の位牌がある。

西遠女子学園や芥田学園には動員学徒の死者を追悼する像がある。このほかに領家・栄秀寺の戦死戦災死者慰霊碑、楊子・林泉寺の動員学徒を追悼する慈光観音像、蒲神明宮の平和塔など、戦争関係での死者を追悼するものが各地の寺社に建立されている。

六月一八日の浜松大空襲は六月からはじまった中小都市空襲での最初の空襲だった。それは夜間の無差別爆撃であり、市街地を焼き尽くすことを狙ったものであった。この日の空襲で一八〇〇人以上の市民が生命を失った。このような市民への攻撃は戦争犯罪にあたる。

浜松地域への空襲を物語る遺跡は他にも多くのものがある。これらの遺跡から空襲による痛みや悲しみを追体験することができる。それとともに、浜松の爆撃隊を含む日本軍の侵攻が同様の苦難をアジアの人々に強いた歴史をも想起すべきである。この歴史をふまえて浜松を再び戦争の拠点としないための行動も市民の課題である。

5　本土決戦準備と浜松平野（村瀬隆彦）

浜松環状線を西向きに走り、浜松平野から三方原台地に登る直前、道の左側（南側）に円筒形のコンクリートの塊がある。台地側に開口部があるが、土がたまり、中のようすはわからない。黒ずんだ色合いから、近年造られたものでないことは想像できるが、一見して何かがわかる人は少なくなった。この半田町の辺りは、開発により以前の地形さえも想像することがむずかしくなったが、アジア・太平洋戦争中は丘があり、コンクリートの塊は、その丘を背に、開口部を三方原台地に向けて造られていた。

一九四五（昭和二〇）年に入ると、アメリカ軍の日本本土上陸は避けられないとし、九州南部・相模湾・九十九里浜等で、野戦陣地の設定（築城）がおこなわれた。浜松も防衛の重点地区であった。陸軍の教範（テキスト）に「鉄筋コンクリート造掩蓋掩体《えんがいえんたい》」と記されるこのコンクリート建造物は、一般的に「トチカ」や「トーチカ」と呼ばれ、砲撃・爆撃に耐えながら、開口部から機関銃等の射撃が可能なように造られた軍事施設なのである。海側ではなく、台地の方向に開口部があるのは一見不可解だが、これは、台地に登りかけたアメリカ兵を背後から射撃する意図のもので、教範でも、側面・背面からの射撃ができるよう工夫す

浜松市東区半田町に残る「トーチカ」

ることを強調している。つまり、この「トーチカ」は、きわめて実戦的なものなのである。

本土決戦準備期、静岡県内は、薩埵峠付近を境に東が第一二方面軍（東部軍管区）、西が第一三方面軍（東海軍管区）に区分され、浜松（主力は第一四三師団・通称「護古」部隊）、牧之原台地（主力は独立混成第一一九旅団・通称「東旭」部隊）、志太平野（主力は独立混成第九七旅団・通称「東明」部隊）、静清平野（主力は独立混成第一二〇旅団・通称「東天」部隊）、富士川河口（主力は第一七三連隊・通称「納」部隊）などに築城した。多くはアメリカ軍が上陸しやすく、かつ日本軍が設定した浜松・三方原・大井・藤枝・富士の各飛行場に近い。配備された将兵を合計すると、五万八〇〇〇人以上となる。このほかに、三保半島や伊豆半島には、船首に爆薬を装備して船舶に激突するためのモーターボート（震洋）部隊が多数設置され、船舶を隠すための掩体を構築した。

さて、浜松地区の防衛を担当した第一四三師団は、司令部を井伊谷におき、隷下の第四〇九連隊（各連隊約三八五〇名）を天竜川河口から馬込川河口にかけて、北は現在の浜北大橋付近までの間に（第三大隊約一〇〇〇人は磐田地区）、第四一一連隊を馬込川河口から西に、北は三方原台地南部までの間に配した。都田地区に配した第四一二連隊が両連隊を後押しする形である（第四一〇連隊は有度山付近に所在）。数だけは多いが、すでに物資も兵士適齢の男性も存在せず、武器・装備も不足した若年や四〇歳過ぎの兵士で構成されていた。築城に際し、住民は土木作業にも協力したが、空襲の夜も壕に入ることを許されなかったという。

「トーチカ」の向かいの台地端部にも、築城の跡は多数残されていた。しかし、その多くは開発によって消滅した。現在もいくつか残る横穴のなかには、築城遺構も含まれるだろう。浜松市教育委員会は、発掘調査をする際、古墳等の原始・古代の遺構・遺物とともに、二〇世紀の戦争に関連する遺構・遺物もあわせて報告している（半田山古墳群・瓦屋西遺跡・下滝遺跡群等）。遺構を残すことが不可能な場合の代替措置として、適切な対応の好例である。

本土決戦に備えたのは、地上部隊だけではなかった。例えば、「トーチカ」の開口方向の台地上には、航空化学戦学校ともいわれる三方原教導飛行団があった。現在は門柱のみが残る。団は毒ガス訓練を天竜川河川敷で実施していた。要員の中には、本土決戦に際し、アメリカ軍に毒ガス攻撃を実施し、その後、天竜川の堤防を決壊させて被毒地帯を洗浄する案を持つ人もいた。八月一五日以降、残された毒ガス（イペリット一六トン・ルイサイト二トン）は、浜名湖北部・飛行場南端の溝・佐鳴湖に投棄したという。誤ってこれを引き揚げた漁民二人が死亡したとの新聞記事もある（『静岡新聞』一九四七年七月一日）。

アメリカ軍が上陸した時、住民は壕に入ることが許されたのだろうか。浜松平野での航空ガス攻撃は実施されただろうか？……軍が守ろうとしたものは何だったのかを考える素材として、「トーチカ」や門柱は活用されていくべきではないだろうか。

6　天竜飛行場と明野《あけの》教導飛行団　（佃隆一郎）

二〇〇五（平成一七）年の「平成の大合併」により、現在は磐田市の一部となっている旧竜洋町は、その名が示す通り太平洋に面した天竜川河口にある町である。この町はそもそも十束《とつか》・掛塚《かけつか》・袖浦《そでうら》の三町村が一九五五（昭和三〇）年に合併して成立したが、昭和初期から終戦直後にかけての大規模な開発により一新された町でもある。その「開発」とは、一つは天竜川の治水事業（デルタ状であった河口部を一本化）であり、もう一つが沿岸部の袖浦村にあった、陸軍天竜飛行場の建設と跡地の再開発である。

天竜川河口の東部に位置している旧袖浦村（河口に面した旧掛塚町と、廃川にした天竜川東派川により分けられていた）を東西に横切る幹線道路沿いの、比較的新しい集落の南側にある公園には、一見場違いと思える旧式のジェット戦闘機（航空自衛隊発足時に使用された米国製Ｆ86Ｆ）が置かれ、周りには異様な柱が何本も連なって立っている。これはここに戦時下、「天竜飛行場」があったことをイメージ的に示しているものである。

天竜飛行場とは、一九二四（大正一三）年五月に三重県度会《わたらい》郡明野原に開校していた明野陸軍飛行学校の分教所として、日中戦争期（一九三七年勃発）に各地に設置された飛行場の

袖浦公園にあるジェット戦闘機 F86F と格納庫跡

一つである（ほかの分教所としては、福島県原町《はらのまち》・大阪府佐野・香川県高松・宮崎県都城などがあった）。明野飛行学校は第一次世界大戦により主要な新兵器となった航空機について、陸軍戦闘機の研究とパイロット養成を目的に、軍制改革の一環として設立されたものであり、本校・分教所を合わせた組織は「明野教導飛行団」と総称されていた。

天竜分教所の用地買収は一九四〇（昭和一五）年から本格化し、「支那事変（日中戦争）に因る航空要員急速養成」（『竜洋町史資料編Ⅱ　近現代』三三六頁所蔵の史料）のためとして、開拓が進んでいた農地が安価で買い上げられていった。建設工事には近隣各地区からの労働者が多数供出されたほか、朝鮮半島出身者も動員されたとのことである。なお、元来の磐田市（袖浦村の東北寄り）は当時、中泉町と見付町とに分かれていたが、部隊が設置されれば軍人居住地として補助金など優遇措置が得られることから、適用外になることを恐れた見付町が中泉町との合併を呼びかけ、磐田市成立の契機となったとされている。

面積約二〇〇万㎡の飛行場敷地に、一六〇〇ｍの滑走路二本と付帯施設が完成（ほかにも長さ三六六七ｍの軍用道路を、臨時滑走路を兼ねる形で建設）して分教所が発足したのは、太平洋戦争へと戦火が拡大したのちの一九四二（昭和一七）年四月であり、人員約二五〇名が配置され、航空士官学校・陸軍士官学校の生徒（当時同所では「少尉学生」と呼称）を対象に実用機訓練課程の教育が行われた。しかし、戦局が深刻化し、米軍機の飛行場爆撃が始まった一九四五（昭和二〇）年には教育が打ち切られ、五月には分飛行場の富士飛行場（富士市に前年設置）とともに放棄された。

なお、明野教導飛行団は一九四四（昭和一九）年六月に明野教導飛行師団に改編され、各分教所も教育飛行隊に改編されていたが、終戦一カ月前の一九四五年七月には栃木県宇都宮の教導飛行師団に編入されたことから、敗戦時には「明野飛行学校」の名は失われていた。放棄後の天竜飛行場は格納庫の撤去が始められたが、機密保持のため滑走路はそのまま残されていた（来たるべき「本土決戦」時に爆破する手はずだったようである）。

日本の無条件降伏が玉音放送によって公表された翌日、すなわち一九四五年八月一六日には、滑走路の取り壊しは早くも始められたようであり、同月二〇日にはフィリピン・マニラでの降伏・米軍進駐の打ち合わせを終えて帰途についていた、政府全権団の搭乗機が燃料切れで飛行場近くの海岸に不時着したのを、旧天竜飛行場の残置隊員らが救助したエピソードがあった（いずれも当時の地元関係者の証言）。

そして天竜飛行場跡地への入植は、元の地主の耕作ともども一九四五年の一〇月ごろから始まり、政府の土地開墾奨励策もあって開拓が本格化したが、袖浦村当局にとっては土地買収の後始末が財政負担としてのしかかったようである。旧軍用地の管轄は敗戦後陸海軍省から大蔵省に移管されたが、同飛行場などの一部はさらに一九四七（昭和二二）年一〇月に農林省に移されたことから、第二次農地改革のもと開墾地の売買や個人的土地所有が公式に可能になり、袖浦村では飛行場跡地の旧土地所有者への再配分が主要な農地改革となった。

こうして一九五〇（昭和二五）年ごろには三〇軒余の入植者が入り、「ほとんどがそれまで別の仕事をしていて、土に触ったことがないような人」の「並大抵ではありませんでした」（『静岡新聞』一九九四年二月一〇日夕刊掲載の証言）という、苦労と努力の末開発された旧飛行場跡地は、今日袖浦地区の中心として発展を見せている。

冒頭で述べた「戦闘機のある公園」袖浦公園が、入植者らの共同作業場跡地にできたのは一九九三（平成五）年春のことである。戦闘機の両側には屋根のみ撤去された格納庫跡が、オニギリ型の柱が並んだ形で今もそびえ立っていて、戦争のむなしさを伝えている。ほかにも周辺には、旧天竜飛行場の水槽、井戸、射垜《しゃだ》（試射用の盛り土）が残っているが、一部は荒れたままになっているようであり、旧竜洋町の発展の過程を示す遺跡としての整備、さらには案内の充実を望みたいところである。

7　南遠に広がる演習場―陸軍遠江射場―　（浅岡芳郎）

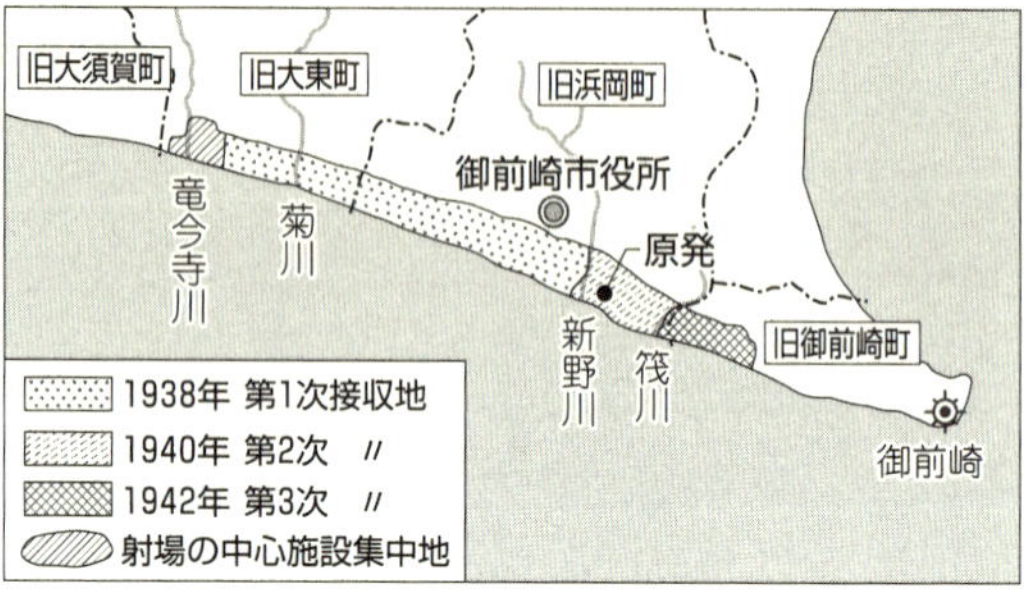

＜図１＞遠江射場全体図

「平成の大合併」により、今日では掛川市・御前崎市となった南遠の海岸地帯は、浜岡大砂丘・千浜大砂丘などに代表される日本有数の砂丘地帯である。何列もの砂丘の間に畑が広がり、工場や原発が散在するこの海岸地帯に一九三八年建設された陸軍の「遠江射場」があった。図1は射場の全体図であるが、射場は3次にわたる農地の接収を経て建設され、その規模は東西一六km、九八四ヘクタールに及ぶ広大なものであった。

　遠江射場建設の目的は軍隊の射場演習を目的としたものではなく、東京造兵廠《ぞうへいしょう》など各地の軍需工場で製造された各種の砲と砲弾の性能テストをする事であった。試射のほとんどは射場西端の旧大東町浜野の中心施設より東に向けて行われ、したがって射場施設の大半は浜野の中心施設内に配置されていた。以下図2の射場中心施設の図を参考に射場の概要、今日に残る施設等について説明したい。

浜野の中心施設は図のように今日、一五〇号線がある砂丘を含め、三本ないし、四本の砂丘の間に配置され、主要部は柵で囲まれていた。射場には通常約一〇〇人の射場員が働いていたが、軍人として常駐したのは東京造兵廠から派遣された保坂栄一中尉ただ一人だけで他は地元の在郷《ざいごう》軍人を主とした農民が雇われて従事していた。保坂中尉は両親と妻・二人の娘と共に図中①付近に住んでいたというが、敗戦後、家族と共に東京に帰っている。

射場で使用する各種の砲は②の道路に軌道が敷かれ搬入された。軌道は当時袋井～三俣間を結んでいた中遠鉄道と結ばれ⑯のトンネルの南まで延びていた。また、トラックなどで運ばれる物資は③の道路から運び込まれ、この道路は今日でも「射場道路」の名で呼ばれている。

④には事務所、⑤には守衛所が置かれていた。事務所跡は戦後旧睦浜《むつはま》村役場として利用されたというが、今日は全く残っていない。また、⑧の場所には「陸軍遠江射場建設記念碑」と書かれた石碑が建てられていた。この石碑は今日浜野会館入口に安置されている。

⑨～⑪一帯は各種の砲の組み立てや格納所・砲弾の製造所・修理工場・兵舎など、最も多

＜図２＞射場中心施設跡説明図

くの施設が集中していた地域である。⑨には今日、㊝と書かれた建物が残っているが、ここは当時模擬弾に詰めるロウを溶かすボイラーがあった建物の跡と聞く。⑩には写真1に示した建物が残っているが当時の砲敞跡で今日も織物工場に利用されている。この一帯の施設はほとんど⑩のタイプの建物で大変大きく、頑丈であった。⑪の一帯にはこうした施設が特に集中していたので、この地域には戦後睦浜中学が配置され、建物は校舎に利用された。今日も残っている施設は⑨⑩のみである。

<写真１>織物工場に利用されている旧砲敞

また、この一帯には今日十数戸の住家があるが、戦後の射場の閉鎖に伴い、開拓民として入植した人々の住家である。この集落は今日、浜野の「射場区」と呼ばれている。

これらの施設よりさらに南側の砂丘と砂丘の間は試射場そのものが置かれた。⑭は今日駐車場となっている所であるが、当時は軌道で運ばれた各種の砲が配置され、ここから東に向かって発射された所であって、当時は

「原点砲列」と呼ばれていた。ここに持ち込まれた砲はカノン砲・榴弾砲・高射砲など各種に及んだという。⑬には三つのコンクリート施設が残っているが、いずれも司令所跡である。残念ながら近年、竹や雑草に隠されてしまって、すべてを見ることは困難になっている。⑮にはコンクリートの砲座跡が三つ残っている。さらに⑯にはコンクリートのトンネルが大きな口を開けているが、これも当時のものである。また、⑫には二つのコンクリートの施設が残っているがここは砲弾の信管のテストの為の司令所であった（写真2）。さらに一番北側の砂丘上の⑦の位置には風速塔という五階建てのコンクリートの建物があった。気象が試射に与える影響を観測したものだという。風速塔は一五〇号線が建設される際、取り壊されてしまった。

柵で囲まれたこの中心施設以東は着弾地であり、特に目立った施設はなく、五〇ｍおきに「陸軍射場用地」と書かれた石柱が建てられたのみで柵はなかった。しかし砲弾の着弾地を確認するため、原点砲列から三〇〇〇ｍまでは五〇〇ｍおきに、それ以東は一〇〇〇ｍおきにコンクリートの「観的所《かんてき》」という施設が配置されていた。観的所の形態は写真2の司令所と全く同じと言ってよい。観的所跡はつい最近まで池新田と菊川河口付近にも残っていたが、近年撤去されてしまった。また当時は今日の一五〇号線の位置を東西に走る軌道が敷かれ、器材や射乗員を運んだ。軌道は戦後静岡鉄道に払い下げられ、袋井〜藤枝を結ぶ「駿遠線」として利用される事になる。

一九四五年、日本の敗戦に伴い射場にはアメリカ兵が約半年駐屯し、射場内のすべての兵器を搬出し、翌一九四六年射場は閉鎖された。そして、広大な射場は土地の主人公である地元農民や戦地から引き上げてきた開拓民によって力強く開拓されるのである。

＜写真２＞信管テスト用の２つの司令所跡

しかし、戦後七年目の一九五二年、旧射場地をアメリカ軍の射爆場として接収しようという計画が持ち上がった。旧射場地帯が真に平和な砂丘地帯の姿を取り戻す事になるのは、陸軍によって奪われた土地をやっと手にした住民が、代々砂丘と闘って開墾した土地の大切さを自覚し、必死で反対して計画を変更に追いやった後の事であった。この南遠の、一見何もなかったかのように見える静かな砂丘地帯が、先人の苦闘により築き上げられた歴史を忘れないためにも、今日開発により失われつつある射場施設跡の保存を願ってやまない。

8 中島飛行機工場の疎開先—掛川・中島飛行機地下工場跡—（竹内康人）

政府は戦争の拡大にともない、軍用エンジンの生産を増強した。それにより中島飛行機は浜松の宮竹に工場を新設し、鷲津・新居の織物工場も接収した。浜松工場では一九四四年一一月には第一号試作エンジンが完成した。同月、中島飛行機の武蔵工場が空襲によって破壊されたため、浜松工場は本格的なエンジン組立工場となった。工場では陸軍用エンジンの製作、組立、修理などが期待されていた。しかし、一九四四年一二月の東南海地震で浜松工場は倒壊したため、敗戦までに生産できたエンジン数は三五〇台ほどという。

米軍による空爆が激しくなるなかで、一九四五年春からは掛川の原谷で、浜松工場の疎開用の地下工場の建設がはじめられた。この地下工場はマルハ工場とよばれた。工事を請け負ったのは清水組・勝呂組であり、清水組の下請けに古屋組、勝呂組の下請けには長井組があった。勝呂組が家代の第一～第三工区、清水組が遊家の第四～第五工区、本郷の第六工区を請け負った。掘られた地下壕の数は一〇〇ほどだった。森町の向天方にも中島飛行機関連の疎開工場が建設され、三島市には中島飛行機の機銃関係の地下工場が建設された。

全国各地で地下工場が建設され、建設現場には多くの朝鮮人が動員された。朝鮮人は民族性を否定され、「皇民」としての生を強要された。また、トンネル掘削など最も危険な現場での労働を強制された。

掛川の地下工場の建設でも朝鮮人が動員された。各地に飯場がつくられ、二〇〇〇から三〇〇〇人といわれる朝鮮人が現場近くに集住した。朝鮮人は壕を掘削した。工事内容は極秘事項とされ、工事現場は憲兵に監視されていたという。岩質がもろいところでは落盤事故もあった。家族をともなって移動した朝鮮人もあり、子どもたちは近くの学校へ通った。原谷国民学校の場合、入学式で五六人だった一年生が一学期末には一一三人となり、桜木北国民学校では三〇人だった一クラスが六〇人になるなど倍増した。

中島飛行機原谷地下工場跡

ここで働いた朝鮮人によれば、「夜明けとともに朝早く起こされ、突貫工事ですすめられた」「飯場頭のもとで暮らしたが、親方は食糧を闇で売ってしまうのか、悪いものばかり食べさせられた」「掛川の土は砂のようだった。日本の敗戦を知り、天皇が手をあげた、これで助かったと監督

掛川の地下工場跡近くの追悼碑

らが持ってきた樽酒を飲んで踊った」という。

　一九四五年七月半ばに一部が稼動したが、地下工場が完成する前に解放をむかえた。地下工場のトンネル内での暗闇の労働を強いられるなか、日本が負ける日は近い、すぐにわれわれは解放されるだろうという想いも湧いたであろう。

　戦後、原谷には朝鮮人連盟が結成され、原谷の小学校の校舎で民族教育がおこなわれた。解放の喜びとともに生活のための苦闘がはじまった。

　一九七九年、本郷の共同墓地に地下工場建設工事以降の無縁者を鎮魂する「無縁供養塔」が日韓協会掛川支部によって建てられた。碑文には「この異国の地に眠る御霊よ　日韓友好の絆となりて鎮まり給え」とある。

　鄭明秀さんは掛川で解放を迎えた。鄭さんは七九歳の高齢、名古屋の自宅で横たわった状態で次のように語った。

掛川市家代。朝鮮人飯場跡（消失）

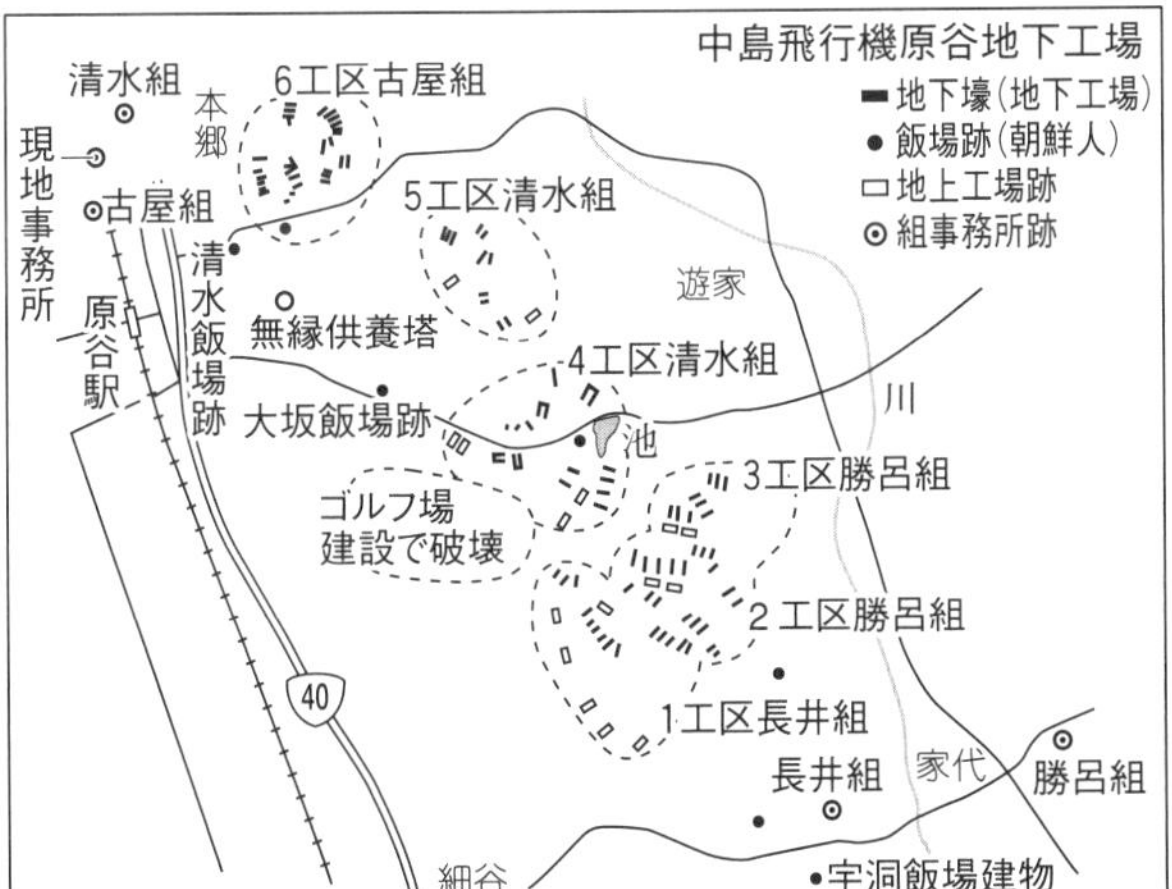
中島飛行機原谷地下工場
地下壕(地下工場)
飯場跡(朝鮮人)
地上工場跡
組事務所跡
清水組
現地事務所
古屋組
本郷
6工区古屋組
5工区清水組
遊家
清水飯場跡
原谷駅
無縁供養塔
4工区清水組
川
大坂飯場跡
池
3工区勝呂組
ゴルフ場
建設で破壊
2 工区勝呂組
40
1工区長井組
長井組
家代
勝呂組
細谷
宇洞飯場建物

「結婚してすぐに北海道の砂川炭鉱に連行され、坑内で重傷を負って身体を壊した。一九九三年にはジュネーブで強制連行の体験を証言し、世界の代表が話を聞いた。女性たちは涙を流し、私の体をいたわったが、日本政府は頭を下げて謝罪もしないし、一銭もよこさない。人間だったら恥ずかしいはずだ。国際社会で信用を失えば、若い世代が不幸になる。日本国民のことを考え、早く解決すべきだ」「炭鉱での落盤事故のために頭には指が入るほどの穴が残り、右足は動かず、左足もだめになり、今はもう両足が動かない。外にも出れない、死ねもしない、本当に悲しい。こんな体にさせておいて、こんなことがあっていいのか。それが人間のすることか……」(一九九六年一月)。

鄭さんはこの年に亡くなった。このやり場のない怒りと悲しみは鄭さんだけのものではない。連行された人々の「恨」を解き放つ関係を、後の世代が未来に向けて創っていくしかない。

地下壕は原谷駅近くの本郷と遊家に残っている。家代の宇洞には飯場の建物が残る(写真前ページ)。遊家には多くのトンネルがあったが、ゴルフ場の建設によって破壊された。

掛川の地下工場跡は強制労働の歴史と平和と友好にむけてのさまざまな課題を語りかける。

9　大井海軍航空隊と地下壕（北原　勤）

大井海軍航空隊

アジア・太平洋戦争末期、牧之原台地（現牧之原市・菊川市）に海軍航空隊が置かれた。通称は大井空、正式名称は大井海軍航空隊である。民家約二〇〇戸と茶畑・国民学校などを接収し建設され、一九四二（昭和一七）年四月に開隊した。大井空は、霞ヶ浦や土浦にあった海軍航空隊での基礎的訓練を終了した飛行練習生などに実践的な訓練（特に、偵察員養成訓練）を施し、前線基地へと送出することを任務としたが、一九四五（昭和二〇）年ともなると特攻作戦訓練基地としての任務も帯び、ここで訓練を受けた後、出撃基地に配属され、出撃・戦死した者も多い。現地は今、一面の茶畑のなかに矢崎部品榛原工場や民家が点在するという平和な情景だが、一九四三（昭和一八）年に撮影された航空写真によると敷地面積約三〇〇ヘクタールのなかに隊門（正門）・司令部・兵舎・倉庫・病院・娯楽室・柔剣道場・士官宿舎・酒保・バス・プール・格納庫・通信講堂・射爆講堂・電探講堂などが整然と配置されていたことがわかる。とりわけ、一連の建物群の南側に展開する広い滑走路が印象的である。

航空隊の建設

牧之原に海軍航空隊を設置しようという動きは、一九三九（昭和一四）年策定の第四次軍備拡大五カ年計画に始まるが、現地で具体化したのは翌年二月頃からであった。三月二六日に行われた横須賀海軍鎮守府からの通告に対して、地元村長や地主・小作人たちは抗議や抵抗を試みたが、いかんともしがたく、不十分な買収補償や離作料で移転を余儀なくされた。一帯は、明治維新時の士族入植に始まる静岡県茶業の心臓部ともいえ、松本開墾や三橋開墾に代表される茶畑が広がっていたが製茶工場・民家・牧之原国民学校・神社などとともに移転し姿を消した。牧之原小学校には、校舎移転作業の写真が保管されており、なかには、「奉安殿」を移転する様子を撮影したものもある。

地下壕

一九四五（昭和二〇）年になるとアメリカ軍の本土空襲が激しくなり、大井空でも将兵の住居・機械類・食料・燃料・弾薬などを地下に移すため地下防空壕作りが行われた。作業は、トンネル工事などの専門技術を持つ佐藤工業が担当し、将兵、軍属、朝鮮人などを含む労務者、地域住民などの勤労奉仕などによって進められ、周辺の国民学校上級生や疎開児童など

号令台跡　最近まで唯一残存していたが隣接地の宅地化により消失した。この写真が遺構の形状を伝える貴重な資料となった

の手伝い動員もあったという。現地を訪れると、これら地下施設の遺構を随所に確認することができる。

現地を歩いてみよう（61ページ位置図参照）

①牧之原コミュニティセンター（機関科倉庫跡）　ここには、「牧之原・いまとむかし―旧海軍大井航空隊のあとさき―」や「大井空全景」（上空五〇〇〇mからの航空写真拡大版）などが地区の人たちの手によって展示されている。また、航空隊で使用されていた時鐘が「平和の鐘」と命名され保管されている。

②号令台跡　戸外で朝礼などの儀式が行われた場合使用されたもの。隊内には複数の号令台があったそうだが、残存するものはない。当時、

大井海軍航空隊正門（東側）

号令台の傍には、日の丸や海軍旗の掲揚台もあり、航空隊で訓練された兵士が出撃し戦死すると半旗が掲げられたという。

③隊門　航空隊正門の向かって左側門柱である。一九八〇（昭和五五）年に大井空同釜会（大井海軍航空隊に所属した旧軍人によって組織）の手によって、「大井海軍航空隊之跡」・「祈平和」などの文字が加えられている。よく見ると、コンクリート製の門柱に、鉄製の鍵形釘を確認できるが、これを使って隊旗が掲げられていたそうである。

④地下壕入口　茶畑のなかにいかにも頑丈そうなコンクリートの塊がある。開口部は戦後閉鎖されたが、戦争末期にアメリカ軍の空襲に備えて設置された地下施設への入り口である。

⑤防空用司令部（作戦室）跡　旧富士屋食堂の裏に、重厚なコンクリート製の遺構がある。

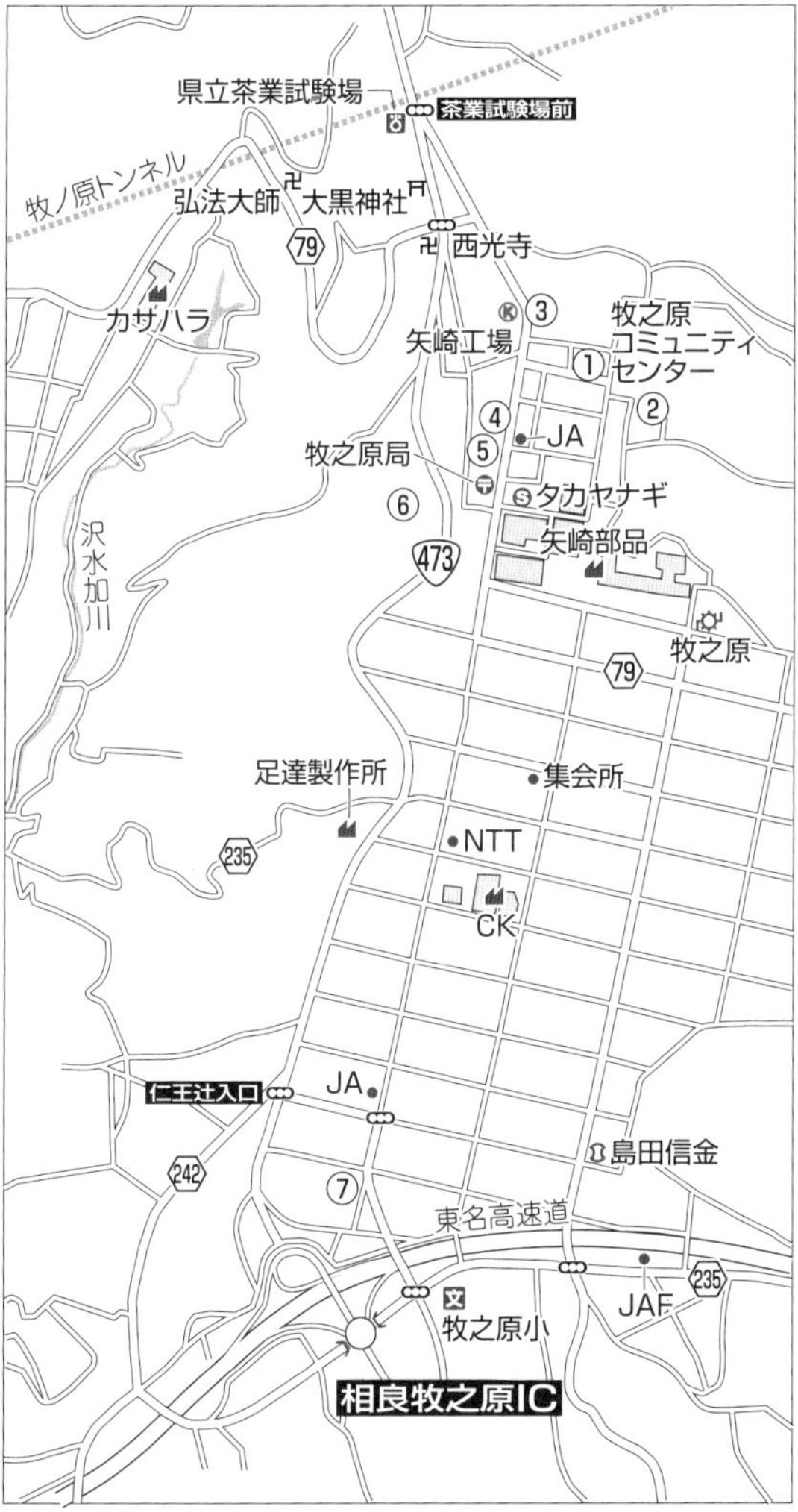
県立茶業試験場
茶業試験場前
牧ノ原トンネル
弘法大師
大黒神社
79
西光寺
カサハラ
3
牧之原
コミュニティ
センター
矢崎工場
1
2
4
JA
5
牧之原局
タカヤナギ
6
矢崎部品
473
沢水加川
牧之原
79
足達製作所
集会所
NTT
235
CK
仁王辻入口
JA
島田信金
242
7
東名高速道
235
JAF
牧之原小
相良牧之原IC

アメリカ軍の空爆を避けるために建設され、内部は二室構造。戦後、付近の製茶業者によって倉庫として使用されていた。

⑥地下壕　航空隊周辺の台地傾斜部には多くの地下壕跡を見ることができる。一部は、富士山静岡空港へのアクセス道路（国道四七三号バイパス）の建設により消失したが、まだ多くは残存し、二〇〇一（平成一三）年実施の有志者による現在踏査では、「十三・四三・若林」「甲一三・三二・古山」と記された名札、「不惜身命」と刻字された刷毛なども採取されている。大井空については、地上部分・地下部分いずれも、学術的な調査を受けていないので、遺跡保存・安全対策の上からも早急な対応が必要だろう。

⑦牧之原小学校跡記念標識　大井空最南端付近に牧之原国民学校があり移転を余儀なくされた。現場は現在一面の茶畑であるが、県道七九号線の傍らに「八十周年記念モニュメント」と題する記念標識が立てられており、そこには、三好達治の詩「茶の花十里」とともに、「昭和十七年十二月十二日移転」との記載がある。大井空の敷地は、①のコミュニティセンター付近がほぼ北限にあたり、現在の矢崎部品榛原工場の部分に建築物が集中し、その南側部分に滑走路などが広がっていた。この、牧之原小学校跡地付近がほぼ南限にあたるので、この場所は、大井空の全体規模を窺うのには絶好のポイントといえる。

10　島田空襲は原爆投下訓練だった（土居和江）

ＪＲ島田駅から真北へ五〇〇ｍほど歩くと扇町公園がある。片隅に一九四五（昭和二〇）年七月二六日の空襲で亡くなった人々の名を裏面に刻んだ石碑が建てられていて、傍らには大きな銀杏の木が立っている。あの日爆風で上半分を吹き払われ、枯れるかと思われた銀杏だが、生き延びて大木となり、夏が来るたび石碑を木陰で包むようになった。

扇町公園の石碑と爆風に耐えた銀杏の木

扇町公園の北に接するお寺、普門院の門柱には、爆風の威力を示すように、爆弾の破片のめり込んだ跡が今もそのまま残っている。爆弾の破片の一部は島田市博物館に収蔵されている。長さ約三二㎝。ずっしり重い鉄の塊である。

この一帯は戦後区画整理が行なわれたので、今ある住宅街は当時の家並みとは異なっている。当時扇町は町の周縁に位置し、

爆弾の破片のめり込んだ跡が今も残る普門院の石柱

原爆投下訓練のための特殊高性能一万ポンド爆弾の投下地点となった。たった一発の爆弾は家々を吹き飛ばし、即死者三五人、重傷死者一四人、負傷者一五〇余人を出し、生き残った人びとにもつらい戦後を強いた。

原爆投下には訓練が必要だった

極秘裏に編成された原爆投下部隊である第五〇九混成群団は、南方、太平洋のテニアン島北飛行場を基地としていた。一九四五年七月一六日に米本土アラモゴードで原爆実験に成功した後、隊長ティベッツ大佐率いる一五機に対し、訓練のための日本本土出撃の命令が出されるようになった。部隊の日本出撃は七月二〇・二四・二六・二九日と八月六・八・九日。さらにとどめの幕切れ攻撃に第五〇九群団として応分の参加をした八月一四日の行動もあるが、これは本来の任務とは別の出撃であった。

原爆投下に何故訓練が必要であったのか。

失敗の許されない原爆搭載機は高高度を飛んだ。高射砲の射程に入ってはならないのはもちろん、緊急発進してくる日本の戦闘機に撃たれてもならない。通常空襲の三倍の高度で飛び、ターゲットに命中させるには爆撃手の練習を必要とした。爆弾はナガサキ型原爆ファットマンと同形同重量、同じ弾道を描いて落下するよう作られ、黄色に彩色されていて、通称パンプキン（かぼちゃ）と呼ばれた。重量は一万ポンド、約四・五トンあった。当時、地響きのするような爆弾が落とされると「一トン爆弾だ！」と言って怖れていたのだから、パンプキンは中身が通常のTNT火薬であるとはいえ、途方もない高性能爆弾だった。直径約一・五m、長さ約三・五mのこの爆弾は、巨大なB29にも一発しか積載できない。第五〇九群団は機を改造して一発を抱いて出撃した。

訓練目的の二つ目。パイロットには投下後、素早い退避が求められた。最大の効果を狙って、原子爆弾は地面から五〇〇mほど上空で炸裂するよう設計されていた。投下機がそのまま直進していると、きのこ雲に巻き上げられ、放射能を浴びる恐れがある。爆弾には落下速度をできる限り遅くするための尾翼がつけられた。同時に、パイロットには一五〇度急旋回して退避する訓練が必要だった。

三つ目の目的は、パイロットに日本の地形を学ばせることであった。例えば島田空襲の七月二六日には、原爆投下候補都市は京都・新潟・広島・小倉だった。京都はその後陸軍長官に投下を拒まれ、長崎が加えられる。島田空襲は新潟エリアへの出撃訓練として計画された。

さらに、高高度を単機または二、三機で飛ぶB29の姿を日本人に見慣れさせ、怪しませないようにする心理作戦でもあり、隊員に実戦参加の「高揚感を与えるため」、隊長が実弾投下をつよく要求したのでもあったという。このような出撃訓練では「攻撃は目視で行う」よう指令された。目視で効果を見届け、写真撮影も行え、と。原子爆弾とパンプキンはアメリカにとっても未知の兵器だったのだ。

特殊爆撃の真相解明

そもそも「一万ポンド爆弾」などという兵器があったことを発見したのは、「春日井の戦争を記録する会」の人たちだった。国会図書館憲政資料室にある『米国戦略爆撃調査団（USSBS）報告書』の91番「日本の目標に対する一〇〇〇〇ポンド爆弾の効果について・九例」を調べた春日井の人たちは、一万ポンド爆弾とは原爆模擬弾ではないのかと推理した。九例のなかに春日井の造兵廠や、島田市街地があった。

一九九一年、新聞で報じられた春日井の提起は注目され、各地で追究が始まった。翌年には第五〇九群団の『特殊作戦任務報告書（Tactical Mission Report missionNo. Special)』

が機密解除されていることも判明した。推理は裏付けられた。

『Tactical Mission Report』を読むと特殊爆撃任務の番号は1から18まであり、広島出撃は13、長崎は16である。その他はパンプキンでの出撃だが、五〇機飛び立ち、日本本土のそれぞれの目標に四九発投下した。一発は失敗して海上投棄された。

島田空襲の場合

島田へのパンプキン投下は特殊作戦任務番号9によってなされた。島田投下機は夜半に、富山の不二越製鋼東岩瀬工場を第一目標として離陸した。ところがその朝、富山上空は厚い雲に覆われ、目視攻撃ができなかった。任務番号9の六機の第二目標は「京都・新潟・広島・小倉を除き、臨機の、任意の市街地目標の中心」と指令されていた。これではほとんど臨機目標というに等しい。結果として五機が島田・焼津（港に近い瀬戸川土手）・浜松（将監町の田んぼ）・名古屋市街・大阪市街に投弾した。残り一機は富山をレーダー攻撃した。

島田投下機は上空から写真二枚を撮影し、「得られた写真は爆弾が町の周縁部で爆発したことを示した。極めて貧弱な結果」と報告した。被災四九地点のうちでも、島田扇町は舞鶴海軍基地に次ぐ多数の死傷者を出しているのだから「貧弱」という報告の意味は、爆発地点が町はずれで、市街地中心でなかったので不十分であるという冷徹な分析なのだろう。

しかし、暑さを予感させる夏空のひろがる午前八時三〇分、警戒警報のサイレンが聞こえた後、空襲警報の鳴る間もないまま、扇町には凄まじい音とともに火の柱が立った。爆風は屋根を、柱を、木っ端微塵に吹き上げた。瓦礫の中から這い出すことのできた人が見たのは、ちぎれ跳んだ肉体と、うずくまりうめき声をあげる人びと。壁土の白い埃をかぶって倒れ伏す人は身内でさえ見分けがつかないほどで、あたりには血の匂いがむせ返るように漂っていたという。

家族を失い、家を失い、傷の痛みに耐えながら終戦を迎えた人びとは、その年の秋USSBSの調査に立ち会った。ドイツと日本の占領地で行なわれたUSSBSの調査報告は膨大なものである。島田の被災者が「戦争は終わった……」と虚脱感に見舞われていた頃、アメリカはソ連を相手とする「次の戦争」の準備を冷静に大掛かりに展開していたのだった。

11　日露戦争関連死者の木像・常昌院

（村瀬隆彦）

岡部の市街地から焼津に向かい、国道一号岡部バイパスの高架をくぐると、道の左側に水兵姿の看板がみえる。その示す方向にしばらく歩き、急な上り坂を登ったところが東谷山常昌院である。志太平野が一望できる景観に目を奪われながら本堂に入ると、本尊の左・右・奥に多くの木像があることに気付く。木像は二二四体あり、高さ五〇㎝ほどで（一体は二回りほど背が高い）、日露戦争初期の陸軍軍装ないしは水兵服を着ている。木像の前には、出身町村・氏名を記した木札が添えられるが、その町村名は、当時の志太郡から大井川河口に近い二村（相川村と吉永村）を除いたすべてを目にすることができることから、志太郡関係者の日露戦争関係死者の木像であることが理解される。残る一体は、当時志太郡域の青年の多くが入隊した、歩兵第三四連隊（静岡）の長、関谷銘次郎大佐である。

なぜ木像があるのだろうか。本堂に入って手にすることができる参詣解説には、以下のとおり記されている。明治三〇年代の監寺和尚の本多玄栄は、本堂建立を発願したが檀信徒が少なく、思いを果たせずにいた。ちょうどその頃日露戦争が起こって勝利となったので、それを記念しての本堂建立とすれば協賛を得やすいのではないかと檀家総代に図った。すると役員のなかに、英霊殿としたら、遺族だけでなく賛同する篤志家も出るだろうとの意見を述べる者がいたため、趣意書をつくって二〜三人にわかれて郡下の遺族を訪れ、あわせて一般の人々にも協力を仰いだ結果、四五〇〇円の勧募を得ることができた。そのお金の一部をもって二二四体の木像彫刻を、名古屋市末広町の彫刻家に依頼して作成した。木像は一九〇六（明治三九）年に完成し、翌一九〇七年一月九日に落慶式がおこなわれた。静岡県知事李家隆介も出席して追悼文を読み、大山巌も協賛して揮毫を振るった。その扁額は今も本堂に掲げられている。言い伝えであるが、『岡部史談　第一集』（一九八一年）に裏付けとなる史料が紹介されていることから、おおよそ事実を伝えるものであると推測できる。

それでは、志太郡出身者の日露戦争関係の死者は二二三人なのだろうか。そうではないようだ。大正時代に編まれた各町村誌や『志太郡誌』、日露戦争直後に発行された『日露交戦静岡県武鑑』や、常昌院所蔵の木像記録である『誠忠録』に記載される死者名を整理・統合してみると、少なくとも二八三人まで確認できる。ということは、ここ常昌院に木像となって祀られている人は、郡内関係者の約七九％ということになる。

二八三人の死のようすを整理してみよう。まず、所属部隊名や死没の日が確認できるのは約九六％にあたる二七一人である。所属部隊は、郷土歩兵部隊である歩兵第三四連隊（一六

11　日露戦争関連死者の木像・常昌院

東谷山常昌院本堂の外観

224 体の木像彫刻が並ぶ常昌院内部

六人）と、後備歩兵第三四連隊（一八人）に属する人で約六九％を占める。歩兵第三四連隊は、中国東北地方から遼東半島に向かって南下してくるロシア軍と、数次にわたって交戦した。一九〇四年六月一五日は得利寺で激戦のあった日で、他の戦闘での死者とあわせて一二人が亡くなり、一〇月一四日は沙河で三〇人が死去した。後に陸軍記念日となる翌年三月一〇日の奉天の会戦では一四人が亡くなっている。

しかし、何といっても、八月三一日の七〇人という死者数は衝撃的である。大津村（現在の島田市の一部）以外のすべての志太郡下町村で死者が確認される。これは、連隊長も戦死した遼陽の会戦中の首山堡の戦いでの死者で、常昌院の死者は、この戦死した第三四連隊長の閲兵を受けるかのように、他の部隊所属者や海軍在籍者を含めて、町村別に配されている。当時の志太郡民にとって、日露戦争と戦争での死をイメージするのが、首山堡の戦いであったといってよいだろう。実際には、病死・事故死は約二〇％、歩兵以外の死者は約一五％を占める。特に軍需物資の運搬に従事した輜重輸卒の死者は二七名であり、弾薬運搬に従事した二人の砲兵輸卒とあわせて約一一％となる。軍務に服することによる死は多様であり、英雄伝に載るようなものばかりではない。

和田村（現在の焼津市の一部）の歩兵二等卒村上孫一郎は、一九〇五年八月二七日に亡く

一体一体表情の異なる木像

なった。『和田村誌』は日露戦争に関連した死としてその死を載せるが、公務に起因しない病没で、戦死・戦病死した人と同じように、靖国神社への合祀にはならないと記している（病名の記載はない）。『郡誌』『日露交戦静岡県武鑑』には掲載もない。しかし、常昌院には村上二等卒の木像があり、『忠魂録』に名もみえる。陸軍省的すなわち行政的な死の区分では、その死は戦争に起因しないものとされるものでも、遺族は日露戦争に関連して入隊した結果の死として意識しており、他の死者と同様に祀られることを望んだのではあるまいか。常昌院は、首山堡の戦いをイメージしながら死者を祀る一方で、多様な死をひろいあげている。

戦死者・戦傷死者・戦病死者は、村葬が営まれ、靖国神社に合祀され、家による葬儀や年忌供養とは別の意図によって供養される。丁重にあつかわれるが、軍人としての死という前提が重視され、軍務に服する以前の個人としての意味は後退する。一方で、軍装で閲兵式かのように整然と並ぶ常昌院の木像だが、その表情は、髭をたくわえる者や面長の者など、一体一体が異なる。木像一体一体を参拝していると、遺族は、軍の基準に沿って区分される死とは別に、個人の情報を表情というかたちで残そうとしたのではあるまいかと感じられる。靖国神社合祀の基準にあわない死者が、他の死者と同じように木像となって祀られていることをあわせて、常昌院の木像は、志太郡域の庶民が庶民として生きた、軍務に属する前の人生を含めた死を祀る場として、重要な意味を持つのではあるまいか。

同様の事例は、北海道江別市や群馬県藤岡市龍源寺勢至堂などにみえるが、木像の数では常昌院が最も多い。群馬県では、X線写真による技法の確認を含め、公共機関による調査がすすんでいる。常昌院の木像も、一寺院の努力にのみ頼らない、調査・研究・保存措置がなされる必要があることを、強く訴えたい。末筆になったが、『忠魂録』を拝見させていただき、木像の写真撮影にも御協力をいただいた常昌院御住職に、厚く御礼を申し上げたい。

12　静岡陸軍墓地の個人墓（村瀬隆彦）

静岡・清水平野には、多くの独立丘が点在する。有東山や八幡山などだが、ひときわ目をひくのが八津山である。県内最大の前方後円墳が丘陵上にあるこの山の北麓、通称北街道と唐瀬街道が交わるあたりに、旧静岡陸軍墓地がある。家康の側室お万の方ゆかりの寺で、お雇い外国人のクラークが起居し、勝海舟の母妹や自由民権の壮士湊省太郎の墓がある蓮永寺に隣接するこの墓地は、一八九七（明治三〇）年頃に設けられたといわれ、一九四六（昭和二一）年に市が国から無償貸付を受けた時は、一七〇〇坪ほどであったという。一九五五年市は修復整備をおこない、約二二〇〇坪の旧陸軍墓地として整備された。

墓地には、日露戦争関係慰霊碑（五基）、第一次世界大戦（青島戦）慰霊碑（一基）、昭和期の合葬慰霊碑（三基）、軍馬犬鳩碑（一基）などがあるが、注目したいのは、墓地南東部にある個人墓である。

入り口から入ってまず目をひくのが、アーチ型の石面に十字が掘られたドイツ人俘虜の墓である。一九一五（大正四）年に死去したグスタープ・ガイバイスの墓で、彼は青島戦で捕らえられ、静岡俘虜収容所に収容された一人であった。

次に、日本人の下士官・兵卒の墓（九基）が目に入る。兵卒の墓は六基で、基礎石の上に墓標が立つ形式の、全高七五cmから八四cmの簡素なものである。下士官墓（一人は三等書記）も八六・一一〇・一一一cmと、墓の前に立つ人は、目線を下げて墓標を見ることになる。死亡年月日は一八九八（明治三一）年から一九三四（昭和九）年で、いずれも年代から戦場での死ではないことがわかる。

さらに進むと、将校個人墓が目に入る。手前に尉官特務曹長・少尉・中尉・大尉、奥に佐官（少佐・中佐・大佐）の個人墓がある。墓参用の石製墓道がそれぞれにつき、二段の基礎石の上に墓標が立つ形式で、全高は、それぞれの平均で、特務曹長墓一二七cm、少尉墓一四六cm、中尉墓一四八cm、大尉墓一六三cm、少佐墓一七七cm、中佐墓一九五cm、大佐墓二〇一cm（大佐墓は一基）で、全部で四六基ある。大尉墓からは、墓の前に立つ人に見上げることを要求することになるこの個人墓群は、いずれも、日露戦争時に戦死したことがわかる日付が掘られている。

現在、この将校個人墓が、いくつかの点で注目されている。まず、陸軍の規定に沿わないことである。日露戦争に際した陸軍の規則（一九〇四年「戦場掃除及戦死者埋葬規則」陸達第一〇〇号や満発第一〇一号）によると、戦死者が多数であるため、個人墓を建てたり合葬

12　静岡陸軍墓地の個人墓

ドイツ人俘虜の墓

下司官・兵卒の墓

将校個人墓

して氏名等を列挙することなく、合葬墓に姓名等の原簿を残すことで対応するよう指示されている。しかし、将校・特務曹長のみではあるが、静岡の例は個人墓である。これは、日露戦争以前の規則（一八九七年陸軍省令第二二号「陸軍埋葬規則」）にのっとったものとみえ、同令附表によると、将官（一五二cm）・佐官（一三六cm）・尉官（一二一cm）・特務曹長（九一cm）・下士官（七六cm）・兵卒（六一cm）と、違う高さの墓標を個人単位で設定する旨がみえる。静岡では、規則よりも階級ごとに細かく差をつけ、規模も示された値よりもかなり大きいが、ほぼ主旨に沿ったものと考えられる。

なぜ個人墓を造ったのだろうか。ヒントは戦前版の『静岡市史』にあった。市史によると、静岡連隊は帰国に際して、大陸の戦場で埋葬した戦死者の遺骨を収集し、一部を遺族に交付し、残りは静岡陸軍墓地に埋葬した。墓標は生き残った将校たちが費用を集めた旨もみえ、連隊としても、費用負担が伴わないならと、許可したのではなかろうかと推測する。連隊長関谷銘次郎大佐や、軍神とされた橘周太中佐墓の墓が含まれるのも、許された理由のひとつかもしれない。いずれにしても、個人墓設定には、死去した将校たちについて、個人がみえなくなる合葬という形を恐れた、生き残りの将校たちの意識がうかがえる。ただ、この個人はあくまでも軍人としての個人であり、入隊以前の私人としての情報は、陸軍墓地にはまったく反映されていない。

もう一つは、陸軍墓地に個人墓のある人が、家の墓所にも墓がある事例や、他の寺院に祀られている例が確認されることである。丸尾務中尉（死亡時は軍曹）は、一九〇四年八月三一日、静岡歩兵第三四連隊が大損害を出した、遼陽の会戦中の首山堡の戦いで戦死した。彼の墓は、陸軍墓地に個人墓として設定されたほか、彼の故郷である現在の御前崎市池新田の一族の墓所にも、個人墓が建てられた。丸尾一族一統の墓所にみえる彼の墓の形状は、陸軍墓地にみえる平時在隊時の下士官個人墓と同じ造りで、高さはほぼ同じである（横幅はたっぷりとってある）。家の墓所に墓石を建てる際にも、戦死した時の階級にあわせて墓石が発注されたのか、偶然の一致なのかはわからない。

現在の大井川町の一部である静濱村出身の増田英一中尉は、一九〇四年一〇月一四日に沙河の戦いで戦死した。陸軍墓地に個人墓があるほか、故郷のいずこかの寺院に彼の墓があったらしく、『静濱村誌　下』（一九一二年）に墓誌の写しが載る。また、彼は岡部町常昌院にも木像となって祀られている。丸尾中尉は村の忠魂碑にも名がみえる（残念ながら、増田中尉の名を忠魂碑に求めて歩くことは、今回できなかった）。当然、両者とも、靖国神社に合祀されているだろう。戦死者とは、かくもさまざまな形で祀らねばならないものなのだろう。

そして、戦死とはかくも通常の死とは異なるものなのだろう。

岩田重則氏は、『戦死者霊魂のゆくえ』（吉川弘文館・二〇〇三年）で、アジア・太平洋戦争の戦死者たちが、年忌供養終了（お弔いあげ）まで、通常の死者と同じく個々の家を継ぐ者によって供養されてきたことを、静岡県を含む各地で確認し、それを戦死者も各家の先祖に弔いあげようとする民衆の意志ととらえ、靖国神社による合祀に疑問をなげかけている。

静岡陸軍墓地の個人墓も、戦死者に複数の墓所を与えている。今後の詳細な調査・研究によって、戦死という死をどう理解するべきかの情報を、さらに私たちに与えてくれるだろう。

静岡陸軍墓地の丸尾勉中尉の墓

静岡陸軍墓地の増田英一中尉の墓

13　歩兵第三四連隊関連の遺構（村瀬隆彦）

日本軍は、国民を兵士として軍隊に入れる時、本籍地を重視した。同じ故郷を持つ者同士が、同じ部隊に入るのである。徴兵がはじまった明治初期は交通網が発達しておらず、いわゆる方言の問題もあるから、近隣の兵営に入るのが当然であっただろう。しかし、本籍地主義は、実態としては日中戦争が激化するまで、理念としては敗戦まで続いたから、明治初期の当面の問題に対応するためだけに、採用されたのではない。

なぜ本籍地主義なのか。軍隊にいる時の行動が、そのまま除隊後の人間関係にも影響しかねない状況をつくることで、軍隊秩序に適応せざるをえない無言の圧力となる効果が期待された、という見解もあれば、同郷意識からくる一体感や、他の部隊との競争意識を任務達成に活用する意図があった、という見解もある。危機的な戦場での任務遂行の原動力の一つが、同じ部隊を構成する人への思い（自分が困難に立ち向かわないと友人が死ぬ）であることが、近年歴史社会学の手法で明らかになったが、もしそうだとしたら、同郷の人で部隊を編成することは、お互いの人間理解が容易になるから、戦闘力の向上につながることになる。

静岡県域は、一八九六（明治二九）年に歩兵第三四連隊（戦時約三八〇〇人）が設置され、翌年駿府城跡に移駐してからは、歩兵として入営する場合、県中部・東部の人は第三四連隊に、西部の人は豊橋吉田城跡にあった歩兵第一八連隊に入営することが多かった。一九〇七（明治四〇）年頃から一九二五（大正一四）年に、現在の静岡大学浜松キャンパスに歩兵第六七連隊が置かれたが、その時期は志太郡以西の人が新設の歩兵第六七連隊に、安倍郡以東の人が第三四連隊に入隊した。砲兵・工兵・輜重兵等歩兵以外の部隊に入る人は、名古屋や豊橋にあった各兵舎に、愛知・岐阜両県出身者とともに入隊するのが通常であった。

第三四連隊は、日露戦争からアジア・太平洋戦争まで、主な戦争にすべて参加したが、現在その関連遺構はほとんど残っていない。公園として整備されている陸軍墓地は本書に別項を設けたが、この他には、陸軍静岡練兵場訓練講堂や、戦後に現在位置に移された陸軍静岡第三四連隊将校集会所が、両方とも個人の努力によって維持・保存されている。この他に、第三四連隊内に鎮座し、

陸軍静岡練兵場訓練講堂

兵士が武運を祈った岳南神社の鳥居が、護国神社に移されて現存する。なお、遺品は護国神社遺品館に、保存・展示されている。

陸軍静岡練兵場訓練講堂は、第三四連隊の演習地として設定された静岡陸軍練兵場の南端（現葵区城東町）に、一九三六（昭和一一）年に建設された。現在は北野家の住宅として使用されているが、所有者が現状保存に努力を払っている。約一〇m×五mの室内は約四分の一の所で区切られ、狭い方が待機室、広い方が訓練用に使用された。外観は杉の下見板張だが、内部はモルタル塗で気密に配慮されている。これは、ガス訓練に使用されたからで、一九四五年頃の証言として、一〇人くらいが待機室で待たされ、その後訓練講堂に入り、催涙ガスの発煙とともに防毒マスクを装着し、駆け足等の訓練がおこなわれたようである。

ガス通気穴

静岡第三四連隊将校集会所は連隊内にあったもので、天井が非常に高い風格ある建物であり、護国神社に隣接する現在地に移設された（現つつじ会館別館・建築年不明）。内部は大きく二つに分かれる。証言にとると、一方（現在の西側）に将校た

陸軍静岡歩兵第34連隊将校集会所

ちが顔をみせると、一方（現在の東側）に陣取った幹部が、必要に応じてよんで指導等をした。現在、東側は柳田芙美緒写真スタジオとして使用されており、柳田の作品（数万点といわれるフィルムと紙焼きの写真・パネル）が、書簡類とともに保管されている。柳田は、静岡連隊附の写真師であり、詩人でもあった。入隊した人々の戦場でのようすや、それを送る人々を撮影した。戦後、空襲で焼失したと思われたフィルムが防空壕から発見されるとこれを復元し、写真集にまとめるにあたっては、写った人の調査もしている。柳田の写真は、添えられた言葉や関連書簡とともに、戦争という現実と相対した静岡人の姿をよく伝えている。これも、長女の眞由美氏をはじめとする遺族によって残されてきた。

静岡の若者たちは、個人の意志で戦場に向かったわけではない。だとすれば、その遺構の保存も、個人の努力だけに頼らないかたちがとられるべきではあるまいか。

14　静岡空襲の痕を歩く―静岡空襲関連遺跡群―

（新妻博子・桜井知佐子）

市街地の六六％を焼失

一九四四（昭和一九）年末から一九四五年八月まで、旧静岡市は一五回の空襲を受けたが、最大の空襲は六月二〇日未明の空襲であった。アメリカの戦略爆撃機Ｂ29一二三機が投下した油脂焼夷弾により、静岡市街地は僅か二時間余で六六％を焼失した。二〇〇〇人以上が死没、約一二万人が罹災した。この空襲は東京等への大都市空襲に続き、一気に地方の工業都市の壊滅を狙った中小都市空襲の一環だった。以下は若い教師小長谷澄子さんの手記である。

「油くさい風であった。砂と火の混じった風の渦であった……既に行く手は火の海であった……逃げ遅れた人々は、めくるめくような火の明るさに取り囲まれて進みもならず、銀行の前あたりで右往左往するばかりであった。鼻の穴も、のどの奥も、まぶたの奥の僅かな湿りまでからからに乾上り、火の風に叩きつけられて、私は道路ぞいの無蓋の防空壕へころげ落ちた。仰向けになった顔の上を炎が舞った……殴りつけられたような衝撃であった……」

Ｂ29は市中心から五㎞南の高松～下島海岸から一機ずつ上陸し、呉服町通りと本通りの交差点めがけて焼夷弾を投下、新伝馬付近から安倍川を渡り脱去。うち二機が墜落している。

焦土の中にポツンと松坂屋・県庁・市役所

市街地にあった鉄筋コンクリート造の建物と土蔵以外の木造建築物はほとんど焼失、復興と共に多くの建物は建て替えられ、現在空襲を物語る遺構は数少ないが、その痕跡を南からたどってみよう。

西島を通る東名高速道路の直南の光増寺には、枝と枝の間から松が生えているカイズカイブキがある。住職によると焼夷弾で焦げた枝の間に灰が積もり飛来した松の種子が芽を出したのだという。

焼夷弾攻撃は駅周辺から始まった。松坂屋・県庁・市役所など堅固な鉄筋コンクリート造の建物は爆撃と火炎に耐え、今も当時の姿を留めている。塔屋に美しいドームを頂いたスペイン風の市役所本館（①）は一九三四（昭和九）年に完成。外堀を挟んだ駿府公園内には静岡県庁本館（②）がある。日中戦争が始まった一九三七（昭和一二）年に竣工した帝冠様式の重厚な建物だ。空襲に備え、市役所のドームや県庁の壁は偽装されて黒く塗られた。市役所本館は一九九六（平成八）年、県庁本館は二〇〇一年に登録有形文化財に登録された。

市役所から御幸通りを少し北へ歩くと、静岡赤十字病院がある。空襲時、扉を閉めて全員

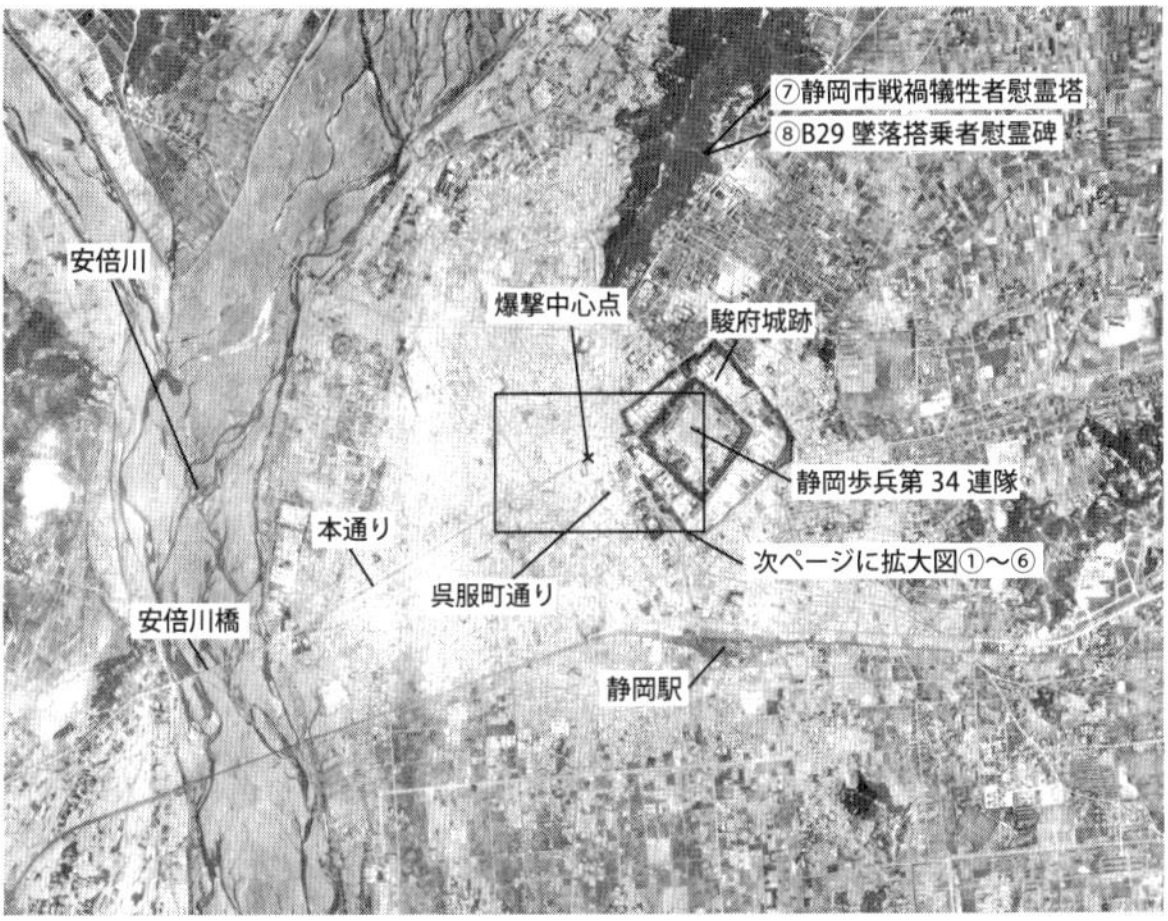

空襲翌日の焦土となった静岡市街地　B 29 偵察機は、翌 6 月 21 日に再び飛来し焼失した市街地を撮影。空襲前の写真と比較し損害の程度を知るためであった（米国立公文書館蔵・工藤洋三氏提供）

を退避させずに耐え、犠牲者を出さなかった。向かいの読売新聞社から燃えたロール紙の火の粉が窓に舞い込み、看護婦等が総出で消して歩いたという。焼け残った建物は順次取り壊して建て替えられたが、旧本館正面の外壁を飾っていたタイル製の赤十字の標章（③）は、今も入口右脇の植込み中にモニュメントとして据えられている。当時県庁で看護行政に携わっていた知花みゑさんの尽力で一九八四（昭和五九）年設置されたものだ。大成建設に掛け合い、クレーンで下ろして、ステンレスのフレームを付けたという。

入口前の歩道に一本のクスノキ（④）

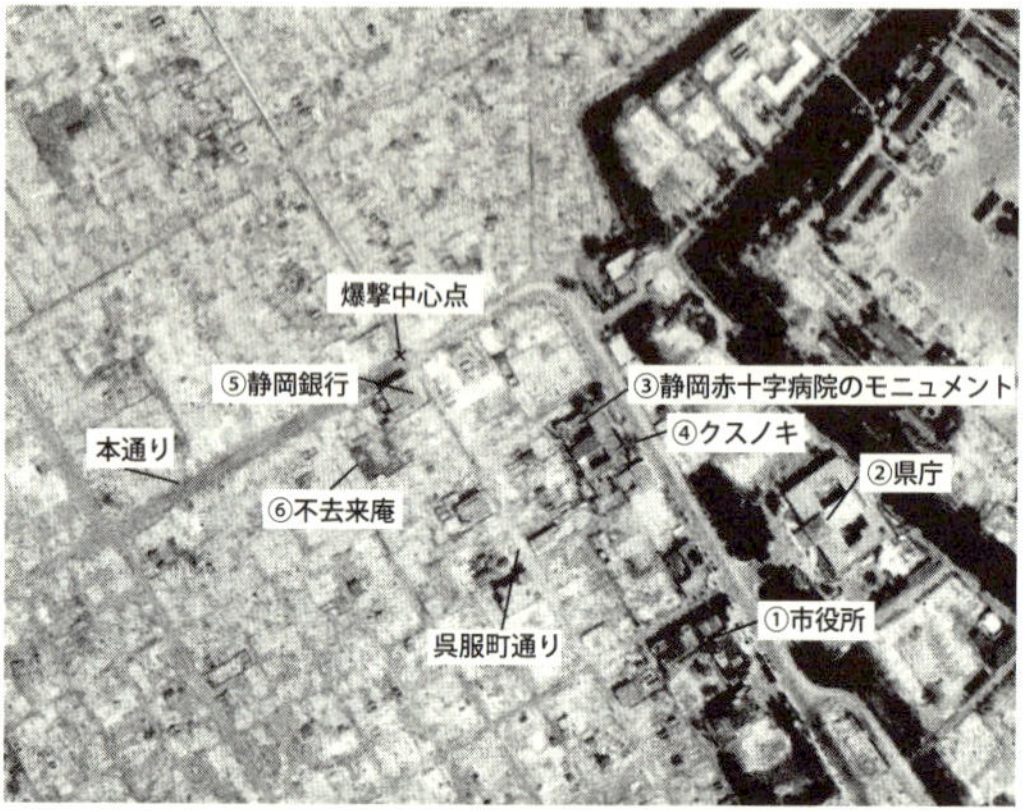

空襲翌日の米軍空撮写真（米国立公文書館蔵・工藤洋三氏提供）

②終戦直後の県庁
屋根に焼夷弾の跡がある（米国立公文書館蔵・工藤洋三氏提供）

①市役所本館（田畑みなお氏提供）

が茂っており、幹に深くえぐられた割れ目が見える。空襲で焼かれた傷跡だ。この木について戦後五〇年の八月一五日付静岡新聞に「空襲から三年位のある日、消し炭になったクスノキのてっぺんに若緑の芽を見つけ、生きる勇気をもらった」との投書が載った。

爆撃中心点で耐えた静銀と不去来庵

米軍は呉服町通りと本通りの交差点を爆撃中心点とし、同点を狙って焼夷弾を投下、半径一・二㎞の円内に半量が着弾すれば静岡は壊滅と考えた。交差点の一角に静岡銀行本店⑤が建っている。一九三一年竣工、爆撃に耐えた重厚な建物は今も異彩を放つ。市役所と同様、浜松出身の著名な建築家・中村與資平の設計である。

静岡銀行の南隣に、「遍界山不去来庵」本堂⑥〔全景写真93ページ〕がある。「伊伝」で知られる渡邉家の持仏堂として一九一五（大正四）年に建てられたものだ。爆撃中心点近くにありながら焼失を免れたことは奇跡に等しい。両者は二〇〇〇年、登録有形文化財に登録されている。

ここから近い屋形町にあった静岡市立静岡病院の看護婦六人は、炎の中で焼死。彼女らを偲ぶ慰霊碑が現在は大手町にある病院の敷地内に建てられ、毎年慰霊祭が行われている。

大勢が安倍川へ向かって逃げた

激しい火災はいたる所でつむじ風を呼び、布団やトタン、人までも吹き上げた。火の粉の風に押し戻されながら人々は安倍川に向かって逃げた。本通りと昭和通りの交差点はロータリーになっており、たまらずマンホールに逃げ込んだ人々は窒息死した。番町方面への空襲も激しかったが、一番町国民学校の校務日誌・沿革誌・学籍簿の一部・戦災死及転校児童学籍簿などの重要書類は焼け残り、現在では貴重な歴史資料となっている。当日宿直の田村恒雄先生がとっさに防空壕へ入れ、プールの水をかけながら守った資料である。中心部では一番町の他、同じく鉄筋コンクリート造の安西・新通国民学校も火炎に耐え焼失を免れている。

早期に安倍川橋までたどり着いた人々は橋を渡ったが、次第に橋は混乱し警防団に阻止された人々も多い。安倍川餅「石部や」の娘さんの寿代さんは、「家の周りは逃げてきた人でごった返し、荷車や乳母車、泣き声や怒声が黒い山となって安倍川橋をめがけた。土手への道も数珠つなぎ……翌日から隣の空き地には街から焼死体が運ばれ、一列に丸太のように並べられた。数は日に日に増し、隅から一体ずつ川原で荼毘にふされた……」と記している。

一九七〇年、伊藤福松さんらの手で賤機山山頂に、静岡市戦禍犠牲者慰霊塔（⑦）と空中

③静岡赤十字病院のモニュメント

④静岡赤十字病院前のクスノキ

⑤静岡銀行本店
手前の交差点が空襲の爆撃中心点だった

右手前：⑦静岡市戦禍犠牲者慰霊塔
左奥：⑧ B29 墜落搭乗者慰霊碑

衝突したB29墜落搭乗者慰霊碑（⑧）が建立され、毎年米軍関係者も参加して慰霊祭が行われている。

コラム　焼け残った不去来庵（新妻博子・桜井知佐子）

不去来庵全景（田畑みなお氏提供）

爆撃中心点に隣接している不去来庵

静岡の街は、一九四〇（昭和一五）年一月の静岡大火で焼け落ち、主だった建物もようやく再建された五年後の一九四五年六月、空襲によって再び焦土と化した。

本通り一丁目の静岡銀行本店の南隣、ビルの谷間に木々に囲まれた別世界が拡がっている。その中に小さなお堂―「遍界山不去来庵」本堂がある。通称「伊伝」で知られる渡邉家の持仏堂として、一九一五（大正四）年に建造されたものだ。爆撃中心点に隣接しながら、絶え間なく空から襲う焼夷弾と激しく渦巻く火焔に耐え、焼失を免れたことは、正に奇跡である。

向拝の彫刻
正面唐破風の天女像や柱頭に象の彫刻が見える。扁額は天女像の奥の暗く見える位置にある

登録有形文化財に

渡邉家は、江戸時代中期より両替町一丁目で呉服商・両替商を営んできた。仏教への信仰が篤く、五・六代目伊豆屋伝八の知恩院への種々の功績等に対し、一八九五（明治二八）年、京都仙洞御所に安置されていた光格天皇の御念持仏・阿弥陀如来像が福田行誡上人の遺言により贈られた。不去来庵は、この像を祀るために一八九七年に着工、渡邉家三代にわたり一八年の歳月を経て完成したお堂である。京都東山の法然院の書庫を模したといわれ、奥行約九m、間口約六mと小規模であるが、明治・大正の文化の粋を極めた彫刻や絵を多数配し、良材を使用した質の高い建築物として二〇〇〇年、登録有形文化財に登録された。

本堂は石積みの基壇上に建ち、外壁の腰部は伊豆石、上部壁は漆喰塗りで頻発した火災に備えた土蔵の形式である。当主の渡邉朗さんによると、伊豆石の器に粘土を貯えておき、火災時に扉の隙間に目張りをしたという。静岡空襲でも目張りをしてから避難したとの事。

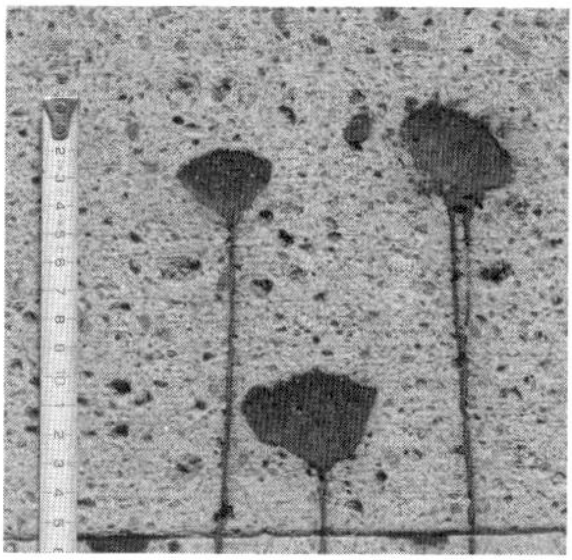

伊豆石中の礫の黒い筋を拡大

阿弥陀如来の涙
北壁の伊豆石に見られる黒い筋を示す渡邉朗さん

阿弥陀如来の涙

降り注ぐ焼夷弾と炎の嵐の中で、堂内の阿弥陀如来像や彩色豊かな天井画、炎に曝された東向きの向拝の彫刻―正面唐破風の天女像、向拝柱頭部の獅子鼻・象鼻、扁額などは焼失を免れ、建立当時の面影をそのまま残している。

本堂北・西・南の壁面の伊豆石（軽石流凝灰岩）の表面には黒い筋が認められる。この筋は、北側の壁面に最も顕著である。渡邉朗さんによると、空襲の痕跡だという。伊豆石の中の礫状の黒い物質が火炎で熱せられ、融点を超え熔けて流れ出たものである。空襲の惨状に耐えかねて流された「阿弥陀如来の涙」であろう。

この黒い物質は、顕微鏡観察およびX線回折の結果、硫黄であることが分かった。単斜硫黄は約一二〇度で融け始めて液体となるが、約一六〇度に達すると粘度を増す。建造時に伊豆石の凹部に充填された硫黄は、激しく渦巻く火

不去来庵への問い合わせ
（※普段は非公開）
伊豆屋伝八
文化振興財団
Tel：054-284-7559
Fax：〃-〃-7563
http://www.iden.or.jp

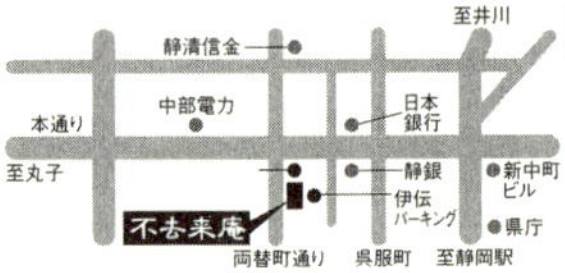

米軍の焼け跡写真
右中央の黒い建物が静銀。その下の白い三角屋根が不去来庵（米国立公文書館蔵・工藤洋三氏提供）

災の中で約一二〇〇度で融け始め、一六〇〇度までの間に一気に流れ落ちたものと考えられる。

黒筋のある三方の壁面は屋敷などに囲まれ炎に熱せられた。一方、東向きの向拝は庭に面し、庭木やレンガの塀が防火壁となった。そのため温度が抑制され、木製の彫刻も焼失を免れたと思われる。

伊豆石の蔵としては水落町の三浦家の蔵が現存する。石造りの蔵の表面に漆喰が塗られているが、腰部には伊豆石が露出している。黒い礫状の物質を含んでおらず、黒い筋も認められない。

硫黄の特定に関して、元東北大工学部技官の日野功氏には顕微鏡観察用の研磨薄片の作成・同定を、静岡大理学部の和田秀樹教授にはX線回折の情報をお寄せいただいた。

15　清水空襲の痕を歩く—清水空襲関連遺跡群—

（鈴木玲之）

国威宣揚の石碑（清水区万世町二丁目）

静鉄「新清水駅」から、さつき通りを南へ約五〇〇m、松坂屋清水支店の角に、花崗岩の石碑がある。表に『国威宣揚』、裏に『紀元弐千六百壱年　万世町二丁目町内会』と刻まれている。国旗掲揚や祝出征の幟を立てるため、横面の上下に、左右に貫通する穴が穿たれている。紀元弐千六百壱年とは皇国史観に基づく皇紀による。日本書紀に記す神武天皇即位の年（西暦紀元前六六〇年に当る）を元年として一八七二（明治五）年に定められたのが皇紀で、六六〇年を引くと西暦になる。つまり、一九四一（昭和一六）年、日米開戦の年に建立されたものということになる。下方には焼夷弾に焼けた痕が赤褐色のしみのように残っている。

国威宣揚石碑（清水区万世町）

一九四五（昭和二〇）年四月六日、万世町二丁目の外科医伊藤博さんは、四四歳六カ月だった。もう召集はないだろうと思っていた矢先、召集令状が舞い込み、四人の子供を残し、軍医としてここから出征していった。軍刀を重そうに腰に吊った姿が忘れられない。

万世橋《よろずよばし》　一九三五（昭和一〇）年建立

地元の人は「まんせいばし」と呼ぶ。国威宣揚の碑を見てその角を西へ歩くと、すぐに巴川沿いの道に出る。万世町一丁目の河野貞一さんは空襲の夜、警防団員だったので逃げ遅れ、周囲を火に囲まれて、この橋の下の巴川に入り、恐ろしい一夜を明かした。橋は当時のままの面影を残している。

禅叢寺（上清水町）の扁額と毘蘭樹

戦後再建された本堂（木造）に、白隠の書「爪牙窟」の扁額が掲げられている。空襲時には本堂、薬師堂が全焼、扁額は両端が焼け落下したが、中央上部に何かが覆い被さったためか、この部分だけ焼け焦げずに、白く三角の痕が残った。白隠書としては「爪牙窟」の文字が珍しく、また戦災資料として二〇〇三年清水市文化財に指定された。本堂の向かいに、目の地蔵と六地蔵があり、前者は元禄期のものである。その左手に毘蘭樹がある。戦前は、現在より樹高が高かったが、空襲で焼け、その後の台風で焼けた上部がもげ落ちてしまった。樹の南側には、焼夷弾による焼痕がある。

禅叢寺は、建長寺雪心和尚開山の臨済宗妙心寺派の名刹で、白隠も若い頃にこの寺で修行をしている。第二十代住職の木下宗英和尚は、日大在学中に学徒動員、士官候補生として一九四三年、静岡連隊通信隊に入隊した。一九四五年七月六日、三泊四日の外泊許可が出て、自宅禅叢寺に戻ったその深夜、空襲に見舞われ、寺の南側の慶安小路を逃げた。

戦後の混乱期を経て、代用教員として飯田小学校に約七年間勤務、先代雲山和尚が高齢となったことから、寺を継ぐ決意を固め、鎌倉円覚寺にて三年の修行を終え、副住職として帰清。先代を助けて本堂の再建を実現した。

カトリック清水教会（岡町）

禅叢寺から再び浜田の通りに戻り、南に行くと、すぐ四つ角に出る。右手の石垣の上には教会が見える。ここは、後に紀州徳川家初代となる徳川頼宣が、一六〇九（慶長一四）年、家康のためにつくった別荘「浜御殿」の跡で、ここにあった「列祖殿趾」の碑は、今は岡町

万世橋（万世町）

禅叢寺（上清水町）

清水カトリック教会（岡町）

八幡神社境内に移されている。

カトリック清水教会を開いたのは、北フランスの港町ブローニュに生まれたドラエ神父である。神父は、故郷に似た風景を持つこの台地に、一九三五（昭和一〇）年、教会を建立した。内部は畳敷で、ブローニュの信者から贈られた「船に乗るマリア像」がある。

奇跡的に教会は焼け残った。負傷者が収容され、教会の柱も血に染まり、ここで亡くなった方も多い。

ドラエ神父は、その非常時の最中も、毎朝のミサを欠かすことはなかったという。

一九四三（昭和一八）年には、東京の扶助者聖母会のシスターおよび星美ホームの女子児童五〇人の疎開受け入れをも行った。当時疎開受け入れを各地の教会に手紙で依頼したが、快い返事を出してくれたのは、ひとりドラエ神父のみだったという。修院長レチチア・ペリアッチ、シスター柴山はじめ数名のシスターと児童たちは、ドラエ神父を頼って疎開してきた。

岡町八幡神社

教会西側の小道を抜けると、八幡神社横手に出る近道だ。境内には市文化財（一九五四年天然記念物に指定）の樹齢八〇〇年の大楠、樹齢五〇〇年のイヌマキなど、五本の大樹があるが、少なくともそのうちの四本は、焼夷弾で焼けた痕がある。本殿右前の大楠は四、五mの高さで焼け、その上部は消失している。なお本殿も焼失、終戦後、一時折戸の高等商船学校にあった照海《てるみ》神社を移して本殿としたが、一九五六（昭和三一）年カトリック教会の東にあった金比羅宮を移し、本殿とした。照海神社は境内の右奥へ移され、船玉神社として祀

岡八幡のクスノキ

られている。

二〇〇七年八月一五日の終戦記念日の朝、神社を訪れたところ、神職の小野田さんが正装して本殿でご祈祷をしておられた。

八幡神社裏手の野沢広行医師は、ドラエ神父の主治医であった。度々憲兵が神父のことを訊きに来たが、神父は病人で老人であり、日本を愛している、と神父を擁護した。ために神父は収容所行きを免れたと言う。

健脚の人は本町から清水町へ出れば、妙慶寺がある。供出した鐘が、その銘からこの寺のものと判明、アメリカで見つかり返還された。

妙慶寺の裏門を出て、向かいの小道に入ると美濃輪稲荷神社の裏門に出る。艦砲射撃の焼夷砲弾が本殿に当たり焼失、避難してきた人々は、身代わりになってくれたのだ、と言い合ったという。

ここから次郎長通りを港橋へ引き返す。多くの人がこの橋の下、巴川に入り、火を避けた。だが、力尽きて溺死してしまった方も多い。

港橋を渡ると、港町である。この通り左手の九華堂文具店の蔵は、瓦や壁に戦災の跡が

妙慶寺の鐘

美之輪稲荷神社前殿（本殿は焼失）

テルファ（エスパルスドリームプラザ　海側）

残っている。港の方へ大通りに出ると、左にエスパルスドリームプラザがあるが、その海際にテルファ（港のクレーン）があり、この前の海では逃げ遅れた人々が、焼夷弾の雨の中を逃げ惑った。杉山正三さんは、今でもテルファを見ると涙が出るという。

ドリームプラザと静鉄新清水駅・ＪＲ清水駅の交通は、無料シャトルバスを利用することが出来るので、一休みしてバスを利用して散歩を終えるというのも良いだろう。

静岡に投下された焼夷弾類　M47(左)。他は筒型のM69を集束したM19(E46を改称)の頭部・尾部・外枠

団体見学で来館した峰小学校の児童　防空頭巾をかぶり火たたきを持つ(左)。軍服・ヘルメット着用(右)

コラム

静岡平和資料センター

（新妻博子・桜井知佐子）

当センターは、皆さんから寄せられた数々の戦時資料を中心に種々のテーマ展示・資料貸し出し・平和文庫など、市の補助を得て多彩な活動を展開してきた。開設から一五年目の本年、伝馬町へ移転・オープンした（金・土・日開館　入場無料）。運営母体の静岡平和資料館をつくる会は、貴重な資料や記録を展示する公設の平和資料館の設立を、長年静岡市に要請している。

全国的にも貴重な防空監視哨資料、空襲体験画、米軍が投下した焼夷弾類、赤紙の実物や銃弾の血痕が残る千人針、米軍撮影写真・映像など五〇〇〇点を超える資料を系統的に収蔵しており、資料借入依頼や団体見学の申し込みが後を絶たない。授業の一環として利用される場合も多く、年間五〇〇

蒲原の隣の興津防空監視哨のやぐらの上で、駿河湾方面を監視している青年たち

蒲原防空監視哨資料全26冊　勤務日誌、哨員名簿綴などの他、発・来翰綴などの極秘文書もある

〇人を超える来館者を数える。「ここへ来れば静岡空襲が分かる」「戦争のことが知りたい」など、調べ学習で訪れる生徒も多い。

蒲原防空監視哨資料

敗戦と同時に焼却処分されるはずだった防空監視哨の資料が、戦後五〇余年を経て確認された。藤枝防空監視哨に続いて駿河湾に臨む蒲原防空監視哨の資料である。現在、元哨長・望月畯司さんのご遺族により全二六冊が静岡平和資料センターに寄託されている。

静岡市を挟む蒲原・藤枝両監視哨の勤務日誌に記録されたB29の飛来時間等により、長年懸案だった静岡空襲の始まりを、六月二〇日と特定することができた。米軍資料と人々の記憶の間にあるズレを相対化する極めて有効な資料と言える。

米軍機の圧倒的な力の前に、日夜監視に励む青年たちの努力はほとんど非力だったが、これら資料には防空関連のみならず住民の暮らし、兵事や情勢などが事細かく記載され、今後地域史を編む上で大きな力を発揮するだろう。「お父さんは日本一真面目な人」とご遺族が語る哨長さんの判断に感謝。

静岡平和資料センター

〒 420-0858
静岡市葵区伝馬町 10-25
　　　　中央ビル 90 2F
Tel・Fax. 054-271-9004
URL http://homepage2.nifty.com/shizuoka-heiwa/

16 特攻艇「震洋」と三保半島（浅見幸也・伊藤和彦）

特攻艇「震洋」の格納庫

三保半島先端の真崎地区に鉄筋コンクリート造の特攻艇「震洋」掩体が、現在九基残っている。掩体とは、「射撃がしやすいように、また敵弾に対して射手などの行動を掩護する諸設備」（『広辞苑』）とあり、アジア太平洋戦争末期に設置された特攻艇震洋の格納庫のことである。二〇〇〇（平成一二）年の県教委の調査によれば、掩蓋の間口はほとんどが同じで約五m、高さも多少異なるが約四mのものが多く、また、奥行きは様々で、短いものは約八m、長いものは約一八mもある。いずれの掩体も、海岸近くに設置されているが、海に直行して建つものと、平行して建つものとがあり、また間口の向きに統一性がないため、当時どのように使用する予定だったのかは不明であるという。ここでは、その特攻艇「震洋」について紹介する。

はじまる特攻艇「震洋」の開発

敵艦船へ体当たり攻撃する特攻作戦は、軍中央が組織として正式に採用し、実施した正規の戦法であった。海軍では、一九四四（昭和一九）年二月に呉海軍工廠魚雷実験部に人間魚雷（のちの「回天」）の試作を指示している。一方、陸軍でもほぼ同じ時期に特攻作戦の開始を決定したと考えられている。

特攻兵器の開発に拍車がかかったのは、一九四四年七月、米軍によってサイパン島が陥落し、日本の敗色が濃厚となってからである。大本営は本土でも地上戦を行なうことを想定し、その準備をするよう命令した。それは、航空作戦準備を主体とするもので、洋上・泊地において米軍を撃滅する方針に貫かれていた。米軍を洋上で撃滅するための戦力として特に期待され、一九四四年四月から開発が始まった震洋は、八月末には早くも兵器として採用された。

三保半島の位置

米軍の上陸が必至とされた駿河湾から遠州灘にかけて膨大な部隊が配備される。海軍では、横須賀を本部とする第一特攻戦隊の統括の下に、第一五突撃隊が編成された。第一五突撃隊は本部を沼津・江ノ浦におき、江ノ浦三津浜に第六七震洋隊が、三保に第一三六震洋隊が配備された。とくに清水には、航空機用のアルミを生産する日軽金や航空機用の鋳造部品などを生産する日立製作所など軍需工場が次々と建設されたので、三保半島は戦略上、重要な位置を占めていたのである。当初、三保には震洋艇を二三隻配備する予定で、一九四五（昭和二〇）年四月から五月にかけて、急遽清水海軍航空隊員によって掩体が築かれた。しかし実際には、敗戦までに五隻程度しか配備されなかった。

人間兵器・海軍特攻艇「震洋」

「震洋」という名前は、太平洋を震えあがらせるという意味で名づけられた。震洋は、ベニヤ板製のモーターボートに爆薬を積んだもので、海岸の洞窟や掩体から海上に出て、敵艦船に体当たり自爆する特攻艇である。しかし、最初の設計では、操縦者もろとも自爆する計画にはなっていなかった。乗員一名の一型と乗員二名の五型があり、三保に配備されたのは五型であった。震洋隊長（奄美群島基地）であった作家の島尾敏雄は、「あれを見たらほんとうに、がっくり来ますね」と語っている。性能は艇首に二五〇kgの爆薬を装着し、エンジンはトヨタのトラック用エンジン二基を用い、時速二八ノット（五〇数km）、一三ミリ機銃、一二センチロケット砲を装備していた。海軍が発注した震洋は六〇〇〇艇が生産された。

震洋艇搭乗員の大部分は「予科練」（海軍甲種予科飛行練習生）出身者であった。一六歳の少年たちが、戦意高揚が叫ばれる中、飛行機に乗ることにあこがれ、国難を憂え血潮に燃えて志願して行った。元隊員は「筆舌に尽くせぬ汗と泥にまみれた訓練、鉄拳制裁、体罰にも耐え、血のにじむ一年の予科練課程の教育を終わって飛行訓練に入るのに飛行機もガソリンも無かった」。そして一九四五年三月、総員集合がかけられ、「ただ今から特別攻撃隊員を募る。しかし、他言無用。どういう任務につくのか、何に乗るのか、今は言えない。ただ、生還は期し難い。九死に一生もない。よくよく考えて態度を決定せよ……」と告げられた。しばしの猶予の後、「希望する者は一歩前に出よ」と。全員がザッと靴音も高らかにいっせいに前に進んだ。これは必ずしも本心でなかったという。迷いもなく固い決意を表明する者、様々な思いの交錯した中で苦渋の決断をした隊員、震洋艇特攻隊員はこうして誕生した。

選抜された特攻隊員は、九州の川棚（長崎県）で突入体当たり訓練を夜間、昼間、早暁と連日受けた。その反面、「その当時の給料が四五円位の時に一回『震洋艇』の訓練に参加すると一〇〇円の危険手当がついたので、手取りの月収が三〇〇円以上になり、ほとんど毎日外出して英気を養い美酒、珍味三昧で、金銭感覚が麻痺していた」と隊員の手記にある。

川棚での訓練が終了すると、「特攻術章＝高等科卒業マーク」〔八重桜〕が授与された。このマークを左上腕につけていると、一目も二目もおかれ、鼻が高かったという。

訓練を終えた隊員は出撃基地の三保に配属された。搭乗員は第一四期甲種飛行予科練習生

三保震洋掩体の現状

震洋の模型写真

の海軍二等兵曹四五名と三名の補充搭乗員であった。しかし、三保基地建設が遅れたため、横須賀基地で待機し、実際に三保に配属されたのは六月一三日頃であった。隊員たちは、出撃のために待機する毎日で、夜間は震洋艇に乗って実践訓練を行った。三代光雄ら特攻隊員たちは、掩体の中で戦時物資のアルコールを飲んだそうである。残された命をいささかでも癒そうとしたのかもしれない。仮兵舎で寝泊りしていた隊員は、空襲が激しくなると掩体を宿舎として急場をしのいだ。七月七日、清水の街は空襲で焼かれ、さらに七月三一日、駿河湾に侵入した米軍による艦砲射撃が始まったが、ベニヤ板でできた震洋艇では戦うことなどできなかった。三保に配属されてわずか二カ月後の八月一五日、日本はポツダム宣言を受諾して、無条件降伏をした。

救国の戦士たらんと一六歳で予科練に志願した三代は、「八月一五日、炎天の下で聞いた玉音放送は、まさに救いの神であり、真っ先に『これで死ななくても良いんだな！』と感じたことを、今でも記憶している」と手記の中に書いている。また、斉木進五部隊長〔当時二四歳〕は、「ただ一人の戦死者も、事故者も出すことなく、それぞれ愛する肉親の待つ故郷へ全員無事で送り還すことができるということだった」と、その日の複雑な感慨の中でやがて大きな喜びが湧いてきたことを記している。

敗戦後、空襲などで焼き出された人びとがこの掩体の入り口をふさいで、住居としていたそうである。

三代は三保の掩体の由来を若い人たちに伝えたいと説明板をつけるように、旧清水市と清水市長に繰り返しお願いしてきたが、いまだそれは実現していない。清水の戦争史跡として特攻隊員の人たちの思いを重く受け止め、早期の説明板設置を期待したい。

17　戦争と日軽金・富士川発電工事（竹内康人）

戦時下、軍用機生産のための軽金属の開発がすすめられ、日本軽金属の工場が静岡県では蒲原と清水につくられた。工場でのアルミナ生産に必要な電力を供給するために富士川の水を利用して水力発電所がつくられた。

一九三九年から一九四二年にかけて日軽金・富士川第一・第二発電工事、一九四三年からは佐野川発電・本栖発電工事がすすめられた。すでに一九三七年から三九年にかけては富士川電力の波木井発電工事が飛島組の請負ですすめられていた。富士川発電工事では富士川ぞいに導水路（トンネル）が静岡県内だけでも約二〇kmにわたって掘削された。

一九三九年からの富士川発電工事を請負った土建会社は大倉土木・西松組・飛島組などであった。一九三九年八月末には工事に連行した朝鮮人を監視するために協和会が各組毎につくられた。協和会の発会式では、国旗の祝祭日等での掲揚、節約貯金、日本語や日本服の使用、清潔整頓、寄留届の提出、表札の掲示、児童の就学などを決めた。

一九三九年の「日軽金富士川発電所飛島組名簿」（七〇五人分）が残っている。それをみると、六〇％近くが朝鮮人名であり、朝鮮人労働者が多かったことがわかる。中央協和会が作成した「移入朝鮮人労務者状況調」からは、一九四二年六月までに県内の富士川発電工事へと、西松組は五四五人、飛鳥組は二五五人、大倉土木は五九一人が連行されたことがわかり、山梨県と静岡県での連行朝鮮人数は合計すると四六〇〇人ほどとなる。これ以外にもさまざまな形で多数の朝鮮人が集められた。静岡・山梨での日軽金関連の発電工事には計一万人ほどの朝鮮人が動員されたとみられる。

日本人の証言によれば、「矢久保沢、北松野、南松野、内房など各地に飯場ができた」「一二時間労働で朝六時から夜の六時まで働いた。削岩機とダイナマイトで掘りすすみ、朝鮮人がツルハシとスコップで作業をし、ズリをトロッコで運んだ。労働者のほとんどが朝鮮人だった」「逃亡したり、穴の中でケガをして死んだ。朝鮮式の葬式がもたれた」という。

朝鮮人の証言によれば、「身延線の県境付近には朝鮮人の飯場が立ち並んでいた。発破のにおいが残る現場でズリをトロッコに運ぶ仕事をしたが、甘言に騙されたと思い、一週間ほどで現場を離れた」「日軽金の飯場の人たちはトンネル掘りや工業用水を引く仕事をしていたが、飯場は人間の住めるところではなく、奴隷のような姿だった。町に外出するときには班長が監視し、工場は門番が厳しく見張っていた。奴隷扱いされ、事故などで死んでいった同胞のことを思うと胸が締め付けられる」という。

連行された人々は争議や逃走によって抵抗した。慶尚南道晋州から下稲子の八幡沢にあった大倉土木の飯場へと連行された金在山、鄭成和らは、一九四〇年九月に強制貯金反対のストライキをおこしている。当時、大倉土木は約三〇〇人を連行し各現場に分散させ労働を強いていた。金在山、鄭成和ら二三人は、逃亡防止のために強制貯金されて賃金が五円以上渡されないことに抗議してストライキを起こした。大宮警察は特高係・署員を派遣した。弾圧された金は本国へ送還されたという（司法省刑事局「労務動員計画に基く内地移住朝鮮人労働者に関する調査」）。サハリンの警察史料には、この頃富士川の現場から逃走した朝鮮人の名簿もある。連行された人々は次々に逃走したが、その手配書は遠くサハリンにまで送られ、調査された。

『協和事業』の一九四二年一月号には日軽金の青年学校内で事業者と共同して協和会の講習会がおこなわれたとある。「移入朝鮮人労務者状況調」にも日軽金の項があることから蒲原工場や清水工場へも朝鮮人が連行されたとみられる。

清水地域では一九三九年ころから軍需工場がつぎつぎに建設された。当時建設された工場をあげれば、日軽金清水工場・東亜燃料・日本鋼管清水造船所・日立製作所清水工場・黒崎窯業清水工場などがある。他の工場での軍需生産への転換もすすんだ。それにともない、工業用水の整備、鉄道、上水道の三保への延長、道路整備、岸壁建設、埋立工事、電力施設の建設などがすすめられ、荷役作業も増加した。それらの現場にたくさんの朝鮮人が動員された。黒崎窯業・日本鋼管清水造船所・清水港運送・豊年製油については連行朝鮮人の名簿が残っている。清水港には中国人も強制連行された。

アルミナ生産の主な原料は東南アジアからのボーキサイトであったが、日本が敗北を重ね、ボーキサイト輸入がとだえるようになると、代用鉱のひとつとして西伊豆の明礬《みょうばん》石の開発がすすめられた。西伊豆に明礬石の開発のために宇久須鉱業と戦線鉱業が設立された。日軽金は清水工場で明礬石からアルミナを生産する態勢をとり、西伊豆の明礬石を仁科港から海上輸送で清水へと運び、生産する準備をすすめた。

一九四五年二月までに宇久須鉱業と戦線鉱業へと朝鮮人がそれぞれ約五〇〇人、中国人がそれぞれ約二〇〇人強制連行された。これらの人々については名簿が残っている。索道建設や選鉱場建設などの鉱山整備でも多数の朝鮮人が動員された。宇久須や戦線鉱業に動員された朝鮮人は土木や鉱山整備関連の労働者を含めると三〇〇〇人ほどになったが、アルミナ生産が軌道に乗る前に解放をむかえた。

アルミナ生産のための電源開発工事や原料採掘のために強制連行・強制労働がおこなわれ

富士川
山梨県
波木井発電所
導水路
富士川第一発電所
神奈川県
富士川第二発電所
日軽金蒲原工場
①
日軽金
清水工場
清水
静岡
②
伊豆半島
明礬石輸送
宇久須鉱業
宇久須鉱山
③
大井川
仁科
松崎
戦線鉱業
仁科鉱山
① 富士川・発電用導水路建設のために朝鮮人連行（1939－42）
② 清水・日軽金他各種軍需工場現場・建設に朝鮮人動員・連行（1939－45）
③ 西伊豆・アルミ原料として明礬石開発。朝鮮人強制連行（1944－45）中国人も連行（1945）

日軽金　富士川発電工事関連地図

た。

清水から東へ約二〇km先に富士川があり、日軽金蒲原工場を横にみながら富士川を上っていくと、支流の矢久保沢、吉津川、血流川、有無瀬川、稲子川に当時朝鮮人によって掘削された導水路の露出部分がある。

戦線鉱業があった西伊豆の仁科では、戦後、中国人の遺骨送還と追悼事業がおこなわれた。跡地には中国人追悼碑が建てられ、毎年、追悼行事が持たれている。

富士川支流の血流川の上流に露出する導水路

朝鮮人納骨堂（清水）

中国人追悼碑（西伊豆・仁科鉱山跡）

清水にはこの地で生命を失った朝鮮人の納骨堂がある。そこには朝鮮語による次のような碑文がある。

「異域万里　他国で
つらく　かなしくも　犠牲となり
無住孤魂となった　あなたがたよ
あなたがたの　白骨も　霊魂も
主人があり　祖国が　あるものを
遠くない　将来に　あなたがたを
連れにくる　その日まで
安らかに　眠りあれ」（一九六五年九月）

富士川の発電施設や清水の工場などの産業施設や仁科や清水にある追悼碑は、戦時下の軍需生産とそこでの強制労働を語り伝える史跡である。

18　中国人強制連行と陸軍富士飛行場（加藤善夫）

新幹線の新富士駅から南へ約二㎞ほど行った富士市中丸の共同墓地の一角に、「中華民國人興亜建設隊故歿者之碑」と刻まれた三ｍ余りの石碑が立つ。碑の裏面には「昭和二十三年七月　建立者世話人　株式會社熊谷組　劉徳權」とあり、側面に六一人の氏名が刻まれている。

アジア・太平洋戦争の時期、東条英機内閣は国内の労働不足を補う目的で中国人強制連行をおこない、約四万人が日本各地の一三五の事業場に連行され約七〇〇〇人が死亡した（一九四二〜四五年）。静岡県にも事業場が五カ所存在した。先に紹介した石碑は、そのひとつ富士作業所を管理した熊谷組が戦時中、遺骨を埋葬した場所に戦後建立したものである（おそらく戦犯追及を回避する目的で）。

熊谷組の管理下に置かれた中国人五〇四人は、一九四四（昭和一九）年陸軍が富士郡富士町・田子浦村（ともに現富士市）に飛行場を建設した際に労働力の一部として連行された。拉致・連行された中国人の大半は普通の農民であった。彼らは日本に移送される前に塘沽《タンクー》の収容所に集められたが、狭く不潔な収容所で衰弱し病人同様となった。富士作業所への連行は二回に分けられ、第一次二六四人は四四年九月二九日塘沽を出港し、下関に上陸後は貨車

強制連行された中国人の慰霊碑

で一〇月六日、七日富士に到着（船中一人、車中一人が死亡）、第二次二四〇人は一〇月一四日に出港し（船中一人死亡）同月二二日に到着した。その頃には飛行場の造成はほぼ完了していたため、中国人は飛行場の整地作業や滑走路・誘導路造りに動員された。「作業は朝六時から夜六時まで一二時間休みなしの重労働、食事は中国から持って来たトーモロコシ、豆粕で、それが一月で終わると里芋粉、穀粉とメリケン粉を練ったもので、空腹にたえずバッタ、ネズミ、ヘビ、カエル等手当り次第に食べた。こうして生命をつないだが、中にはたえかねてゲートルで首をくくって自殺する者も出た」（中国人の証言）という過酷なものであった。

富士に到着まもなく、作業所では「襲撃暗殺計画」で五人が検挙される事件がおきている

（のちに三人は刑務所や警察で死亡）。その真相は食糧など待遇改善の要求交渉であった可能性が高い。田有才は作業所から二度逃亡したが、捕えられ見せしめのためリンチをうけて死亡した。熊谷組の「報告書」は田のリンチ死事件を抹殺している。翌四五年七月に長野県松本と岐阜県高山の事業場へ移動するまでの死亡者は、輸送途中も入れると五二人を数えた（石碑の記名は移動後を含む）。

富士飛行場の建設のため、陸軍は該当地域の二三〇戸を二カ月ほどで強制移転させ、住民や学徒の勤労動員や朝鮮人労働者を使って工事を急いだ。その結果、連行中国人が到着する前の九月二七日に飛行場は明野教導飛行師団の富士分教所として開設をみた。富士分教所飛行場では学生の教育訓練が実施されるが、翌年四月以降は本土決戦体制下で特別攻撃隊の訓練もおこなわれた。

死亡した中国人の遺骨は戦後の遺骨送還運動で中国に返されたが、石碑の管理と慰霊は地元中丸区によってその後も続けられてきており、一九九〇（平成二）年には事件の概要を説明する副碑が建てられた。なお飛行場関係では、この他に岩本山の西麓に燃料庫として使用された壕が残っている。

19　陸軍少年戦車兵学校跡の戦車（村瀬隆彦）

富士宮市上井出にある若獅子神社には、旧日本軍の戦車一両が安置されている。由来には「かつての大戦において陸戦の華、少年戦車兵とともに活躍した機甲部隊の主力に九七式中戦車（チハ車）がありました。／この戦車は、もっとも熾烈をきわめた玉砕の島サイパンにて四十余名の少年戦車兵とともに、勇戦奮闘、祖国の礎となり、戦後三〇年土中深く無縁をかこっていましたが、このたび一有志の悲願がかない、この母なる地に還り、安置したのであります。／無数の弾痕は戦争の激しさを訴え、満身の赤錆は、戦いの空しさを語り、平和の尊さを教えています。／ここに若獅子の御霊とともに永く平和の道標として顕彰されんことを希《こいねが》うものであります。／昭和五〇年　一〇月吉日」と記される。

注目されるのは、この戦車は、単に旧軍の技術的成果品として展示されているのではなく、四〇余人の少年戦車兵の魂とともに、サイパンの地中から掘り起こされ、この「母なる地」に帰還したと意識されていることだろう。つまりは、この戦車は、戦車兵として没した少年たちの魂が集う場所であり、いうなれば鉄の墓標としての意味を持たされているといえる。

では、なぜここが「母なる地」なのか、それは、この地に少年戦車兵学校があったからで、

若獅子神社の97式中戦車

没した少年たちの魂が戻るにふさわしい場所と判断されたのだろう。旧軍では少年戦車兵のことは「若獅子」と呼ばれ、「若鷲」と呼ばれた少年飛行兵とならんで、募集が続けられた。戦車と並んで目をひく塔が「若獅子の塔」（一九六五年同校卒業生が建立）とよばれ、合祀される魂を祀る神社が若獅子神社とよばれるのも、これに由来する。

『富士宮市史　下巻』（一九八六年）によると、一九四二（昭和一七）年から実質敗戦までこの地にあった同校に入校したのは、満一五歳から一八歳の男子で、合計三二五〇人である。元々は一九三六年から千葉市にあった陸軍戦車学校に、一九三九年から設けられた生徒隊が分離独立したものであった。戦死者は五九五人であり（合祀数は特別幹部候補生をあわせ六二八人）、約一八％が亡くなったことになるが、敗戦時に入学生のうち約七〇〇人は卒業していなかったので、卒業して部隊に配属された人の五人に一人は生還できなかったことになる。日本軍の戦車は、歩兵支援用として設計されたため軽快さが重視されて装甲が薄いことや、小型高性能の対戦車砲の開発・装備ができなかったことにより、アメリカ軍イギリス軍の戦車との戦闘では、ほぼ一方的に敗北した。死亡率が高いのもうなずける。

静岡連隊区司令部が一九四四年に発行した、少年兵募集用冊子『わが陸軍の若桜』では、少年戦車兵募集の章の冒頭に、県中東部出身者が入隊した静岡連隊（歩兵第三四連隊）や、県西部出身者が入隊した豊橋連隊（歩兵第一八連隊）も参加した、日中戦争初期の上海戦での重要拠点、大場鎮の攻略戦のようすを記している。それは、頑強に抵抗する中国兵を相手に攻めあぐねる歩兵を助けて中国軍陣地を突破し、戦況を一変させる西住戦車隊の奮戦である。その上海戦では、第三四連隊も第一八連隊も、各約三八〇〇人中約一二〇〇人の死傷者を出した。その戦いのようすを聞くこともあったと思われる当時の静岡県域の少年たちが、戦車兵にあこがれる気持ちをかき立てるに十分なものであっただろう。

上海戦は一九三七（昭和一二）年のことであるが、その時に正式採用されたのが、この九七式中戦車である。有効な対戦車兵器をほぼ持たない中国兵にとっては、有効な兵器であった。この日中戦争初期の戦闘を事例に少年を集め、この年採用された旧式の対戦車戦闘能力のない車両を、アジア・太平洋戦争末期の最重要拠点での戦闘でも使用し、その戦車に少年兵を乗せたのである。「戦いの空しさを語り、平和の尊さを教えています」と由来がくるこの戦車に残る無数の弾痕は、少年たちの命が奪われた証であり、他の施設に残る技術展示品としての無傷の戦車よりも、歴史的資料としての価値が高いのはいうまでもない。

なお、本土決戦時には、同校は実戦部隊となる計画であったが、敗戦時に同校がまとめた資料によると、「防空対策ニ基キ車両ノ大部ヲ疎開シアリタル為整備不十分ニシテ其ノ大部ハ発錆、湿気等ニ依リ衰損シタル部分多ク運転不能ノモノ少ナカラズ」という状況であった。

20 沼津空襲の痕を歩く—沼津空襲関連遺跡群—

（樋口雄彦）

ＪＲ沼津駅の南口をまっすぐ南下し、通横町の交差点を市役所方向へ向かって左折すると御成橋で狩野川を渡る。一九三七（昭和一二）年に竣工したこの御成橋には、一九四五（昭和二〇）年に落とされた爆弾による傷跡が現在も残っている。北側の西から三番目の橋柱にある窪みと、同じく七番目の橋柱の下部・左側の歪みがそれである。四月一一日正午頃のＢ29による爆撃によるものであり、橋の西北端に落ちた一弾によって御成橋の欄干は一〇数ｍ吹き飛ばされた。同じ時、市内の下河原・吉田町などにも爆弾が投下され、一四名の死者と三九名の重軽傷者が出たほか、住宅など一三戸が焼失した。沼津市内に対しては一月九日に続く二度目の爆撃であった。当日は西風が強く、サイレンも半鐘も聞こえなかったというが、焼夷弾でなかったのは延焼を防げたという意味で不幸中の幸い

御成橋の柱に残る爆弾による傷跡

だったとの感想を洩らした市民もいた。日本画家佐々木古桜が残した戦中絵日記には、この時の爆撃被害が絵地図として描かれているが、堀田畳店一人、千本食堂二人、尾張屋呉服店二人、鈴木料理店一人といった具合に人数と場所が記されており、犠牲者の発生した位置を示したものと思われる。東方寺の近くには小学生五人とあり、子どもも犠牲になったことがわかる。

香貫山のふもと、沼津市立第三中学校（下香貫木ノ宮）の道路を挟んだ南側に、「海軍技研址」と彫られた大きな記念碑が立っている。海軍技研とは、この場所を含む約八万二〇〇〇坪の広大な敷地にあった海軍技術研究所の略称で、一九四三（昭和一八）年に設置されたものであり、正確には東京に本部があった同研究所の音響研究部という部門だった。海軍の軍人・軍属をはじめ、多い時には徴用工員や女子挺身隊など約二〇〇〇名がここで働き、空中・水中聴音機、潜水艦探知機、音響爆雷・魚雷、地中マイクといった兵器の開発・生産を行っていた。一九四五年四月二三日正午頃、ここがアメリカ軍の爆撃を受けた。七名が直撃弾もしくは至近弾によって即死した。将校だった平野正勝の回想によれば、つんざくような炸裂音がし、食堂の床がハンマーで叩いたように突き上げられる衝撃があったという。昼食時ののんびりした雰囲気は一瞬にして凄惨な情景に変わった。窓ガラスは粉々に飛び散り、

海軍技研址の碑

車庫の前には直径五ｍほどの穴があき、乗用車は吹き飛んでいた。遺体の一部しか見つからない犠牲者もあった。死亡者の肉片を割り箸とちり取りで集めたという証言もある。一九七三（昭和四八）年に建立された「海軍技研址」碑の裏面には、「十七才の少女菊地ひで等七名空爆の犠牲となりてこの処に散華す」と刻まれている。

比較的小さな被害にとどまっていた沼津の町も、七月一七日未明、ついに大空襲にみまわれる。大都市のみならず、地方の中小都市をも焦土にしてしまおうという作戦の順番が沼津にも回ってきたのである。沼津市の中心街にあった第一国民学校の校務日誌には、「児童罹災者八一、二名ヲ除ク以外全員ナリ」とある。アメリカ軍側のデータによれば、目標市街面積の八九・五％を破壊したとある。沼津市役所の事務報告書では、死者二七四名、重傷者一五四名、軽傷者三五一名、全焼一万一六〇五棟、半焼一九七棟という損害であった。

火災から逃れるため千本浜へ走る市民も多かった。佐々木古桜一家も、「松林を切り抜け、磯の波打ちぎは」まで出たが、敵弾は松林や海岸にも落下し、雨あられと降り注ぐ焼夷弾・爆弾、そして火の粉や熱風のため、あたりは地獄のようだったという。絵日記には、「米鬼は沼津市民の避難場所とする千本松原・香貫山麓を一早く暴撃したのである」と憎しみをこめて記す。波打ち際に逃れた人たちには機銃掃射が行われ、海面は真っ赤に染まったと証言する体験者もいる。直撃弾で手足を失った人々も少なくなかった。多くの市民が逃げ込んだ海岸にも容赦なく爆弾が降り注がれたことは、最近まで幹に焼夷弾が突き刺さったままの松の木が現存していたことからも証明される。沼津市下香貫にある創価学会沼津文化会館の塚田川を挟んだ南側、牛臥海岸にほど近い共同墓地の周辺は松林になっているが、その中の一本の太い松には数年前まで幹に食い込んだ焼夷弾が顔を出していた。残念ながら、成長した樹皮に埋まってしまったようで、現在は見ることができない。

なお、『忘れまい沼津大空襲』第三集（一九八三年刊）には、「猛火でも生き残った木々とその爪跡、ケロイド状の実態」として、大手町や三枚橋町のイチョウやヤナギの木の写真が紹介されていた。同書に紹介された樹木のうち最近まで確認できたのが、東熊堂の高尾山熊野神社境内のケヤキであった。樹皮の一部が上から下まで無残にえぐられたような状態になっていた。しかし、この木も二〇〇八年五月神社移転工事のため伐採されてしまった。

海岸近くでの被害を伝えるものとして、千本浜から遠からぬ聖隷沼津病院・訪問看護ステーション千本（本字下一丁田）の敷地の一画に、空襲で亡くなった須田家の女性たち六名の名前を刻んだ戦災犠牲者記念碑がある。須田寛作は一九三〇（昭和五）年からこの場所で病院を開いていた医師である。記念碑には、「一粒の麦は地に落ちて死ななければ、一粒のままにとどまる。しかし、もし死ねば豊かな実を結ぶ」（ヨハネ福音書一二章二四節）という聖書の一節が英文で彫られている。

ところで、先述の沼津市役所が調べた七月一七日空襲被害の数字には、当然ながら市域ではない周辺町村の統計は含まれない。被害は他にもあった。たとえば、隣接する駿東郡愛鷹村（戦後沼津市に合併）の東椎路区では、一八戸が焼失、一三世帯の罹災者が出た。同区では、戦争の記憶を後世に伝えるべく、一九八四（昭和五九）年区内字久保の不動堂に戦災記念碑を建て、「当久保地区モ沢田地区ニ高射砲陣地ガ有リシ為カ下記十八戸ノ家屋ガ焼夷弾ニヨリ焼失スル」云々と刻んだ。

東椎路戦災記念碑の碑文中に出てきた沢田地区の高射砲陣地とは、同区の東隣、沼津市中沢田の高台にあった沼津海軍工廠などを防備するために設けられていた高角砲陣地（海軍では高射砲ではなく高角砲という）のことである。連装高角砲（八九式四〇口径一二・七センチ砲）が四門配備され、横須賀海兵団から配属された兵士が詰めていた。沼津大空襲に際しては、この陣地からもアメリカ軍機に向けて砲撃が行われたが、ほとんど効果はなく、一番砲では六発の不発弾を出し、それを地下に埋めたが、戦後になり心配になった元砲手が自衛隊の協力を得てその砲弾を探しに来たこともあった。現在、畑の中に、この陣地で使用された砲弾を貯蔵したコンクリート製のカマボコ型をした弾薬庫が二つ残っている。新幹線の変電所の近くに位置する、南東側の一体のほうは、周囲が小公園として整備されている。

須田家の戦災犠牲者記念碑

中沢田の高角砲陣地の弾薬庫

　沼津御用邸も七月一七日の空襲で本邸を焼失するなど被害を受けている。万が一のため敷地内には堅固な防空壕が築造されていた。本邸に近接しては、高さ二、三m、直径一〇

沼津御用邸の防空壕

mほどのお碗を伏せたような形で、中は半地下式、コンクリート製の通路の奥に八畳敷程度の和室が二つある防空壕があった。それに近接して、お付きの人々専用に用意された小型の防空壕もあり、こちらのほうは実際に使われたことがあったという。また、西附属邸のほうには、奥で海岸に通じるコンクリート製の防空壕があったが、完全な地下式であるため位置を確認することは難しい。本邸の防空壕は、沼津御用邸記念公園内の沼津市歴史民俗資料館の近くであり、その外観を見ることができる。

なお、沼津市明治史料館（西熊堂）では、三階の常設展示室において、沼津空襲の際に落とされた焼夷弾、空襲時の痕跡が残った民家の壁や梁、戦災で焼けた釜の蓋など、空襲関係の実物資料を展示している。

21　戦争と富士裾野演習場

（竹内康人）

東富士演習場の面積は八八〇〇ヘクタールほどであり、山梨県側の北富士演習場を含めると、富士の演習場は一万二〇〇〇ヘクタールを超える広大なものになる。

この東富士演習場はかつて陸軍富士裾野演習場と呼ばれていた。陸軍がこの地域で軍事訓練を始めたのは一八九一年のことであり、日清戦争を想定して第一師団が機動演習をおこなった。一八九六年には陸軍の砲兵隊による実弾訓練がおこなわれるなど、演習場は拡張され、日ロ戦争後には滝ヶ原（一九〇八年）、板妻（一九〇九年）などに廠舎が建設された。この二つは現在、陸上自衛隊の駐屯地となっている。

軍備の拡大がすすみ、重火砲が重視されるなかで、富士の演習場での軍事訓練は増加した。一九〇九年には最初の演習場協定が軍と関係町村の間で結ばれたが、軍事訓練は地域住民の生命と生活を脅かした。特に演習場に多くを接収された印野村は射撃訓練の毎に農作業を中断され、その被害は大きかった。

陸軍はこの印野村の本村・掘金・北畑の三地区に対し、一九一〇年に強制移転を通告した。この通告に対して村民は抵抗し、移転にあたっては全所有地の買収と掘金地区の除外などを

北畑移転記念碑

富士裾野演習場の設定にともなう強制移転の歴史を示す碑。1918年建立

求めた。さらに憲法の所有権を盾に、所有地と農業に損害を与えないような演習の実行を求めた。結局、強制移転の計画は縮小され、北畑地区が川島田に移転することになった。民衆がこのような交渉力を持っていたことから、一九一二年の演習場の使用協定書では陸軍側が補償金を支払うことになった。

　御殿場市川島田には北畑から移転した浅間神社がある。ここでは、移転が通告された九月二二日を例祭日とし、移転交渉が妥結した四月二七日を後鬼前鬼の祭日として、強制移転を記憶する日としている。境内には「移転記念之碑」（一九一八年建立）がある。この碑は東富士の地に演習場が設定され、印野村北畑が強制移転された時代を物語るものであるが、軍人の揮毫によるものであり、民衆の想いが十分に記されたものではない。

　侵略戦争がすすむにつれて演習場での軍事訓練も強化された。富士裾野で毒ガス実験・訓練もおこなわれるようになった。

アジア歴史資料センターの史料をみると、一九二八年一月下旬には陸軍科学研究所による寒中での毒ガス実験がおこなわれたことがわかる。このような毒ガス兵器の実験は何回もおこなわれた。陸軍科学研究所による毒ガス実験がおこなわれるようになると、滝ヶ原廠舎の北側の小川周辺の欅《けやき》が夏に葉が赤くなって落葉するといった異常が見られるようになった。次第に下流部の欅まで変色して枯れるようになった。実験用のモルモットが足りずに農家から兎を買いとることもあったという。

一九三八年九月下旬には陸軍野戦砲兵学校・陸軍習志野学校・陸軍科学研究所による「連合研究演習」がおこなわれた（「陸軍野戦砲兵学校、陸軍習志野学校、陸軍科学研究所連合研究演習ニ関スル件」）。この軍事訓練は野砲や榴弾砲による毒ガス弾の射撃法やその効力を調べるものであった。野戦砲兵学校への毒ガスの支給状況をみると、九三式あか弾弾薬筒一五〇〇、九二式きい弾弾薬筒六〇〇、九三式尖鋭あか弾七〇〇、九二式尖鋭きい弾二〇〇とあり、訓練で大量の毒ガス弾が使用されたことがわかる。あか弾はジフェニールシアンアルシンを成分とするくしゃみ性・嘔吐《おうと》性の毒ガス弾であり、きい弾はイペリットやルイサイトを成分とする糜爛《びらん》性のものである。

東富士は毒ガスの実験と訓練の場にもなり、基地周辺の欅にも異常がみられるようになった。このような訓練は中国大陸での実戦使用につながるものであり、その使用は戦争犯罪であった。演習場にはこのような毒ガス実験や訓練の歴史もある。

演習場での日常の訓練も強化され、一九三三年七月には演習場内の大野原で歩兵の連合訓練中に数百人が倒れ、八人が死亡、重症一八人、軽症推定六〇〇人という事故が起きた。当時の報道では事故原因は「日射病」によるとされている。地域住民は半鐘を叩いて救援に出たという。中国への侵攻を想定しての激烈な訓練が多数の死傷者を生んだとみられる。

現場近くの裾野市運動公園の横に、このときの死者を追悼する「弔魂碑」（一九三三年建立）と三基の「殉職碑」がある。事故のあった大野原は裾野市須山方面から遠望できる。

中国への全面戦争がはじまる前の一九三六年には駒門に廠舎が設置された。現在の陸上自衛隊駒門駐屯地である。

印野の南西、畑岡溜池近くの山口道の脇には一九四一年頃に建設されたトーチカがある。この近くの畑岡射場では毎年軍事訓練が公開される。

陸上自衛隊の板妻駐屯地の資料館には静岡の歩兵第三四連隊の記録や武器などの資料が展示されている。この展示には戦争を批判的に考察する視点はない。

アジア太平洋戦争の敗戦によって、帝国軍隊は解散し、演習場は地域民衆に解放された。

けれどもすぐにアメリカ軍による占領がはじまり、東富士演習場はアメリカ軍による朝鮮戦争への出撃のための訓練場となった。

何の補償もなく演習場は拡張され、軍事基地と隣接する学校も生まれた。このなかで軍事基地化に反対し、生存権の確立をめざす地域民衆の運動がたかまった。一九五七年には東富士演習場地域農民再建連盟が結成された。一九五八年には自衛隊立入禁止訴訟も取り組まれた。

一九五八年には三つのキャンプが日本に返還されたが、演習場はアメリカ海兵隊の管理下におかれた。返還されたキャンプには陸上自衛隊が駐屯するようになる。一九六一年には地域民衆によって「リトルジョン」ミサイル反対行動が取り組まれた。一九六〇年代、東富士演習場はヴェトナム戦争に向けての訓練場となり、アメリカ軍はここで訓練した後、沖縄から出撃していった。

一九六八年には演習場地域が日本へと「返還」され、アメリカ軍の基地は「キャンプ富士」だけになった。「返還」された演習場は自衛隊が管理するようになったが、その管理下で、東富士から沖縄に移駐した海兵隊は演習場を自由に使用し続けた。

一九八〇年代には、東富士で日米共同訓練がおこなわれるようになり、日米の軍事的共同

弔魂碑　裾野市運動公園の横にある大野原での軍事訓練中の事故による死者を追悼する碑、1933 年建立

トーチカ　畑岡溜池近くのトーチカ。1941 年頃の構築物

キャンプ富士　東富士のアメリカ軍基地、アメリカ兵は東富士での訓練のち、朝鮮戦争・ヴェトナム戦争・イラク戦争などアジアの戦場に派兵された

がすすめられていく。一九九〇年代には「思いやり予算」によって「キャンプ富士」内のアメリカ軍施設の整備がすすみ、一九九四年には東富士でのアメリカ軍による一五五ミリ榴弾砲の実弾発射数は約六八〇〇発に増加した。海兵隊の沖縄県道一〇四号線越え実弾射撃訓練の本土への分散移転によって、一九九八年からは東富士でもこの訓練がおこなわれるようになり、実弾訓練数は増加した。この一〇四訓練の東富士への移転に対しては、御殿場市民による反対運動が起きた。

現在も東富士では日本とアメリカによる軍事訓練がおこなわれている。グローバル戦争がすすむなかで、都市ゲリラ戦用の訓練施設も建設された。東富士で訓練をおこなった沖縄の海兵隊はイラク戦争にも投入され、イラクのファルージャでは多くの市民を殺傷した。御殿場の陸上自衛隊もイラクのサマワに派兵された。

このように東富士演習場はアジアの戦争に直結している。ここは日清・日ロ戦争から日中戦争・アジア太平洋戦争に関する戦争を語り伝える場所であるとともに、朝鮮戦争・ヴェトナム戦争・イラク戦争、そして日米の軍事的一体化の現状を物語る場所でもある。また、地域民衆による生活と生存の権利の確立にむけての一〇〇年の運動と「富士を撃つな！」と平和的な生存を求めて行動する市民の運動の前線の場でもある。

五本松　東富士演習場、富士登山道の南方にある五本松射場の構築物、登山道は演習場の中にある

滝ヶ原駐屯地の対面に「キャンプ富士」があり、「思いやり予算」で建設された住居や一五五ミリ榴弾砲などがある。滝ヶ原から富士山方面に上っていくと、射場や爆破訓練場があり、五本松射場の構築物などを遠望できる。

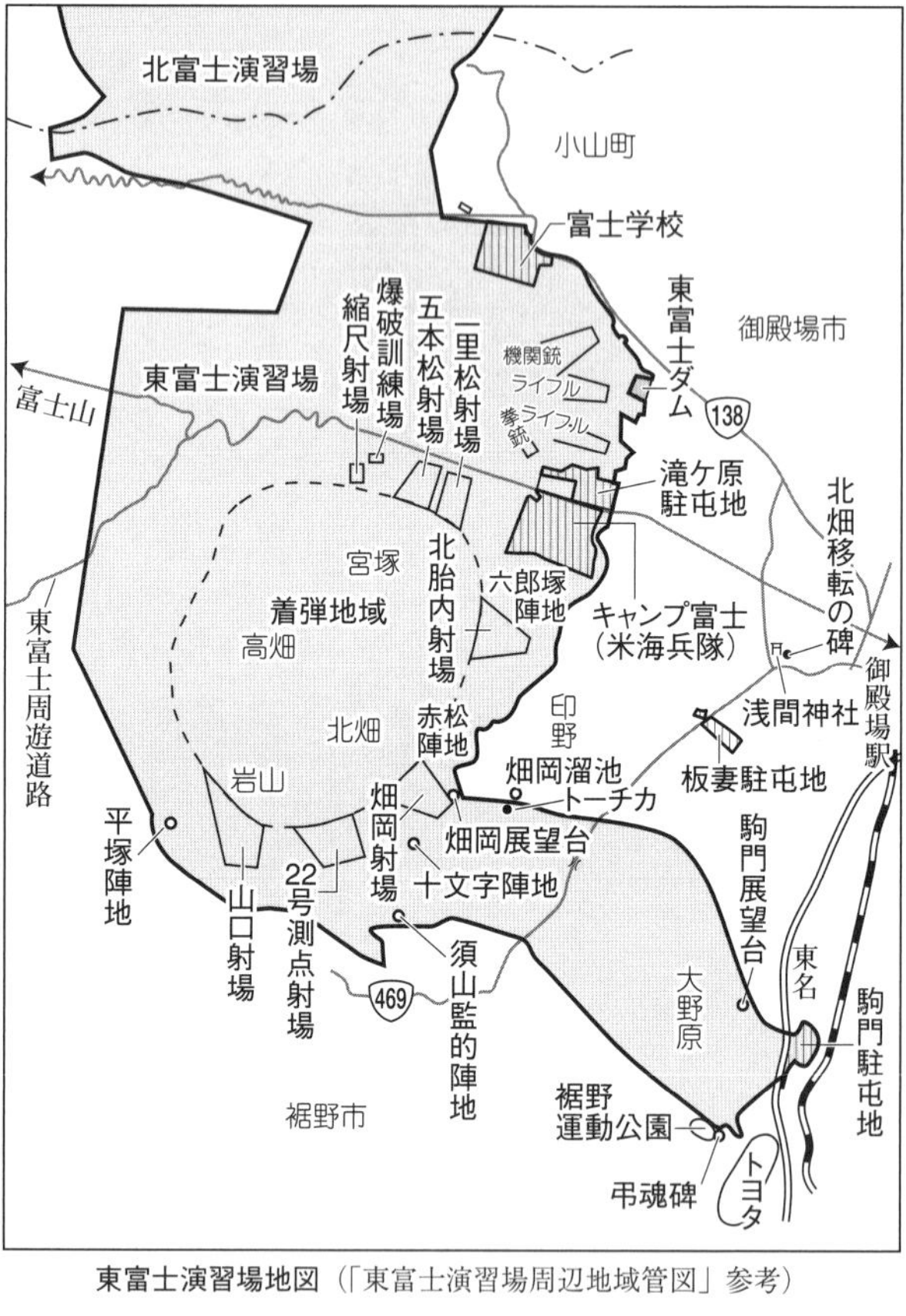

東富士演習場地図（「東富士演習場周辺地域管図」参考）

富士の演習場に立ち、この地を一〇〇年にわたって軍事利用してきた歴史をかえりみ、その平和利用にむけて想いを馳せることができる。その想いは、生命の源である大地を大切にし、人間としての精神の回復に向かうものであると思う。

22　馬と重砲・三島野戦重砲兵旅団（桜井祥行）

旅団の編成

野戦重砲兵部隊は重砲兵部隊から分化したもので、日露戦争時に連隊が臨時編成され、第一次世界大戦下の青島陥落時に編成された。

一九一八（大正七）年、この野戦重砲兵部隊を改編して、第二連隊を横須賀に、第三連隊を和歌山に置き、両連隊により野戦重砲兵第一旅団を編成した。

これら連隊の演習場を富士裾野演習場を想定する際に、兵営地も併せて設置しなくてはならなかった。そこで陸軍省の狙いと三島町の誘致が合致し、翌年の一九一九年一一月に、第二連隊が現在の三島北中学校から日大三島高校にかけての敷地に移転し、一九二〇年一一月に、第三連隊が現在の三島北高校から三島北小、税務署、さらには一〇万坪ほどの大練兵場は東レ三島工場に及ぶ敷地に移転した。

現在、この名残として、三島市立北中学校と三島市立北小学校のそれぞれの門は連隊時の門柱が残され、その横には衛兵哨舎が建っている。日本大学構内の九号館裏には第二連隊の将校集会所の建物が移築され保存されている。また、野戦重砲兵連隊設置に伴い、衛戍《えいじゅ》病院

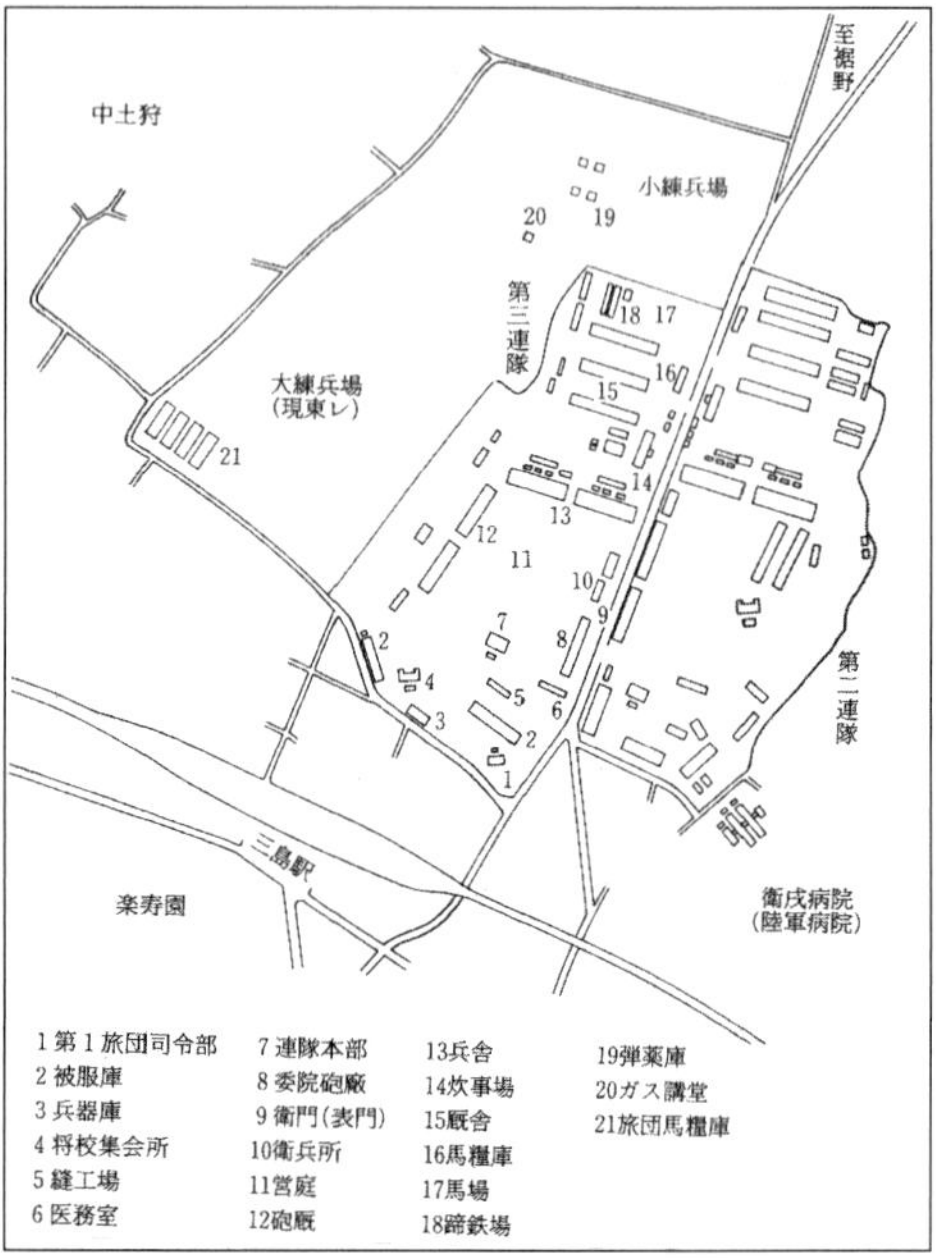

野戦重砲兵旅団位置図（『長泉町史下巻』拠出）

（陸軍病院）が設置され、現在市民体育館となっている。

さて、連隊の編成は六個の中隊編成にあたることから六×二〇五人＝一二三〇人ほどの兵隊が生活することになった。一個中隊は五班から編成されており、一班には凡そ四一人が配属されていたので四一人×五班＝二〇五人ということになる。更にそれぞれの班については、一分隊に一〇人配属されていることから一分隊（一〇人）×四分隊＋隊長＝四一人という人数配置となっていた。

一連隊には砲が二四門配備されていた。この一門については馬八頭が引くことになっていたが、砲身と砲架に分解したため、それぞれを馬六頭が引くこととなった。よって一連隊に関係する馬は、六頭×二×二四門＝二八八頭となり、第一旅団は二つの連隊から編成していたことから、およそ六〇〇頭近い馬がいたことになる。

さて、この馬についてであるが、徴発馬は検査により、駄馬＝食糧、被服、武器、弾薬等を輸送する馬と、輓馬《ばんば》＝砲を運ぶ（引かせる）馬、そして乗馬＝将校等が乗る馬の三つの種類に分けられており、当然ここでは輓馬編成がなされていた。しかしながら、第三連隊については、一九三九（昭和一四）年以降、輓馬編成を自動車編成に改編し、火砲も九六式一五糎《センチ》榴弾砲に改められている。旅団は、一九四五（昭和二〇）年の戦争終結まで同地に置かれたのである。

三島第３連隊正門（現三島北小門）

富士裾野演習場と戦地

こうした連隊の演習が、富士裾野演習場に選ばれた理由は、二四門の火砲にある。これは四年式一五糎榴弾砲で、榴弾という弾体内に炸薬を詰め、到着点で炸裂する砲弾であった。最大射程は一万二〇〇〇ｍに及ぶため、長距離を必要とする実弾射

将校集会所
（日本大学国際関係学部９号館裏手）

撃訓練をする場所、すなわち富士の裾野の広大な地が最適だったのである。

　軍隊の移動や輸送については、三島駅（現在の下土狩駅）を起点に、ここから東海道線（現在の御殿場線）が利用された。

　一九四一（昭和一六）年の真珠湾攻撃以後、第二、三連隊は通称第九、一〇部隊と呼ばれ、戦地に赴いた。満州、中国、インドシナ半島、ビルマ、マレー、シンガポール、フィリピン、ガダルカナルといったアジア・太平洋を転戦し、一九四五（昭和二〇）年三月以降は第二連隊本隊の一部は内地に帰った。三島野戦重砲兵は、ビルマで八八四人、バギオ防衛戦で一二六〇人、フィリピンのバターン半島で一九〇〇人が戦死したと言われている。

　これら戦死者は三島市加茂川町城山の旧陸軍墓地に眠っている。衛戍病院や連隊の死亡者で、遺骨の引き取り手のない者を埋葬するために造成され、現在、祭祀者数は三島市関係一三〇六柱、第二・三連隊、独立野戦重砲兵第一一大隊戦死者二〇〇〇余人を数える。

戦没馬

第二連隊の出征馬の数は一万一〇〇〇頭と言われ、日本軍全体では七〇万頭に及んだと言われている。これら出征馬の慰霊碑は、三島連隊の近辺にはいくつか散見される。慰霊碑の題字も「出征馬供養塔」（市内三谷、竹倉）、「出征馬記念碑」（市内市山）、「軍馬慰霊之碑」（市内徳倉）、「愛馬忠霊塔」（市内宮町）と様々であるが、いずれも一九三七（昭和一二）年以降、つまり日中戦争により徴発されたことがわかる。傾斜地を耕作地としていた市内錦田や北上区の農家では一～二頭の役馬牛を所有しており、当然これらは徴発されたのである。

出征馬記念碑（三島市市山）

先に輓馬の頭数を紹介したが、これら軍馬飼育の飼葉や敷藁等の供給地としての農村は、旅団近辺の東北側に北上村（現三島市）が、西側に長泉村（現長泉町）が位置しており、あるいはまた軍馬の糞尿等がこれら農村の農耕肥料の基本肥料として利用されるなど、需要供給のバランスも図られ、旅団の存在は周辺農村にとって大きな存在価値をもっていたのである。

また、周辺地域からは三島、函南などの箱根西麓地域の秣場《まぐさば》や韮山、大仁（現伊豆の国市）の入会地である田中山の秣場が、軍用馬の飼料供給地として重要になり、たくさんの干草が刈り取られた。こうした干草を飼料とした軍用馬は次々と大陸へ送られ、二度と本土へは戻らなかったのである。

さて、連隊は戦争終結まで置かれ、戦後廃止後は先述したように、日本大学をはじめ小・中・高校が設置される文教地区に生まれ変わった。その道路脇には、大正期に植えられた桜が枯れ、その後は代わって銀杏が植えられ、現在見事な銀杏並木を形成している。

23　伊豆の温泉と学童疎開―熱海温泉竜宮閣―（高柳友彦）

伊豆半島の温泉地は、日中戦争勃発後の好景気によって、一九三八（昭和一三）年には利用客数が一〇〇万人を超えた。中でも、東伊豆の熱海温泉は、工場労働者等が一時の休日を過ごすため大挙して訪れ、旅館数も一〇〇軒を超えるほどの賑わいをみせていた。ただ、戦争が長引くにつれて、温泉地は軍人らの静養、療養地へとその役割を大きく変化させ、戦争との関わりを深めていった。熱海では、約六〇軒の旅館が傷痍《しょうい》軍人の療養の場となり、大陸から帰還した多くの軍人によって利用されるようになった。

戦局が悪化した一九四四（昭和一九）年当初から大都市の学童疎開が計画され、東京では学童約二三万人の集団疎開が決定された。静岡県では、渋谷区、荏原区、品川区、大森区、蒲田区の国民学校とそこに所在する私立学校の生徒、約二万六〇〇〇人の児童を受け入れることとなった。特に伊豆は、温泉地が多く、冬温暖な気候のため、児童の保健上最適な場所として認識されていた。伊東、修善寺、伊豆長岡といった温泉地でも集団疎開が実施され、熱海では、周辺の伊豆山を含め、約四〇〇〇人の児童を二五軒の旅館で受け入れた。

一九四四年八月には、学童疎開の第一陣が熱海に到着している。大森区の大森第一国民学

竜宮閣外観

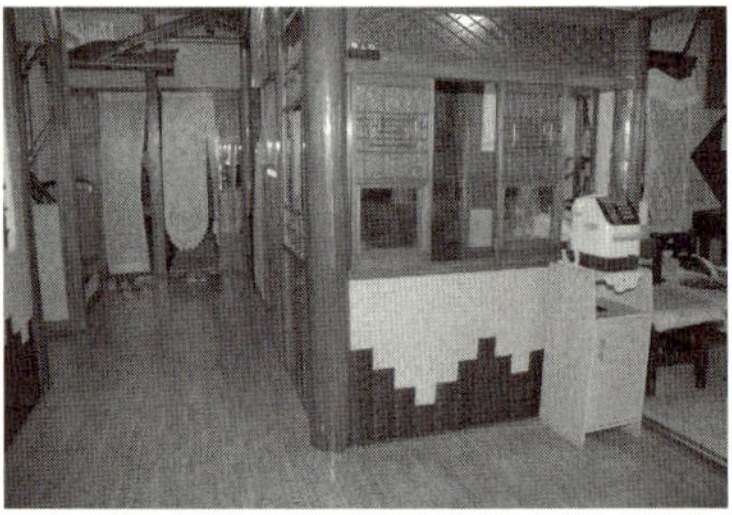
竜宮閣内観

校の三年、五年生の生徒を受け入れたのが、今回紹介する熱海温泉の竜宮閣である。生徒たちは、一九四四年の九月三日から翌四五（昭和二〇）年の六月二五日までの約一〇カ月を竜宮閣で過ごすことになった（大黒屋という旅館と合わせて約六〇名が過ごしている）。

現在でも竜宮閣は、駅前のロータリーを抜けたところに、当時のたたずまいを残しながら旅館として営業を続けている。近年マンション建設が進む熱海だが、眼前には相模灘が広がる見晴らしのよい場所に位置している。熱海は、一九五〇（昭和二五）年の大火によって、中心市街地の多くを焼失した。加えて、高度成長期以降、旅館、ホテルの大規模化が進展したため、戦前のたたずまいを伝える旅館がほとんど残されていない。竜宮閣は学童疎開で利用された旅館がそのままの形で残されており、戦時期の熱海の歴史を伝える貴重な旅館である。

では、竜宮閣に滞在した大森第一国民学校の生徒達は、どのような疎開生活を送っていたのだろうか、残されている記録を手がかりにみていこう。

疎開先の授業は、一般に国民学校の教室を借用するのが原則であったが、竜宮閣では、旅館の一室を教室に利用していたようである。一九四五年一月の学寮日誌によると、午前、午後続けて授業を行っている日は少なく、自習や自由時間が設けられていた。授業の合間には、薪とりや薪運び、食料の買出しなど生活するために必要な作業を行う一方、半日かけて湯河原まで遠足も実施していた。

一九四四年一〇月第一週の献立から竜宮閣での生徒たちの食事の様子を確認してみよう。一〇月一日、朝食は、ナスの味噌汁。昼食は、いもめしとやきのり。おやつには、ふかしいもと柿が半分出された。夕食は、じゃがいもめしとやきのり、配給で手に入れたたくあんという献立であった。翌二日は、朝食は味噌汁であったが、配給でカツオとサトイモが入手できたため、昼食には、魚と野菜汁。夕食はいもめしにたくあんであった。朝は、味噌汁など汁物。昼はいもめしが二日に一度程度であった。夕食では、必ずご飯が食べられるわけではなく、昆布だけという日もあった。

このように、熱海など伊豆に疎開した人々が一番困ったのは、食料をいかに確保するかという問題であった。近隣に農村が少なく、消費地の性格を有する熱海では、食料の多くを周辺地域から調達する必要があったからである。

一九四五年二月には、食糧事情が悪化したため、各学校では疎開児童のための野菜集めが行われるようになった。大森第一国民学校教員の臼田由五郎氏も、一九四五年以降、生徒を連れて近隣の函南村まで、さつまいもや野菜を購入するため引率している。生徒たちの食生活は、疎開生活が長引くにつれて不十分なものになっていたのであろう。

食生活の面で苦労を強いられた生徒たちであったが、豊富に湧き出る湯を利用することだけは、他の地域よりも恵まれていた。一般に疎開児童の入浴は週二回ほどであったが、源泉が豊富な熱海では、毎日風呂にはいることができたと思われる。竜宮閣には、当時から利用されている浴室が、現在でも源泉のかけ流しで利用されている。五、六人も入れば一杯になる湯船の壁面には、タイルで竜宮城が模されており、疎開した生徒たちもその壁の竜宮城を眺めていたのだろう。

一〇カ月に及ぶ熱海での疎開生活は、静岡県で空襲が激しくなったことで終わりを告げた。大森第一国民学校の生徒達は、一九四五年六月に、遠く岩手に再疎開していくことになった。

24　伊豆半島の特攻用地下壕（竹内康人）

アジア太平洋戦争末期、静岡県内にも海軍の「特攻」用の地下壕が掘削された。壕内には水上兵器として「震洋」、水中兵器として「回天」「海竜」などが配備された。また陸軍の輸送部隊の基地も構築された。

県内の海軍の特攻基地は伊豆半島に多い。特攻用地下壕を持つ基地が、沼津の江浦、戸田、土肥、安良里、田子、長津呂、湊、下田、稲取、熱海の網代などにつくられた。江浦を本部に西伊豆を第一五突撃隊、下田を本部に東伊豆を第一六突撃隊が担当した。ほかに清水の三保、御前崎の下御崎、湖西の女河浦にも「特攻」用壕が掘られた。米軍の上陸作戦を想定して伊豆半島が前線になったのである。伊豆半島に掘られた海軍の「特攻」用基地の壕の数は二〇〇本を超え、敗戦から六〇年を経た今もこれらの壕の多くが現存している。

防衛省防衛研究所図書館にある第二復員局史料の「突撃隊引渡目録」には、第一五突撃隊の基地の図面があり、「嵐部隊引渡目録」には第一六突撃隊の基地の図面などがある（嵐部隊は突撃隊の別称）。これらの史料から「特攻」用の地下壕の設置状態を知ることができる。

沼津の江浦・内浦の一帯は特攻基地の拠点とされ、掘られた特攻用の地下壕は七〇をこえ

特攻基地跡（沼津・重須）

る。江浦から多比にかけては震洋・回天・蛟竜の基地がつくられ、二七の壕が掘られた。口野には回天と震洋の一五の壕が掘られ、地下指揮所もつくられた。重寺には海竜と震洋用の二〇の壕が掘られた。重須には海竜の一二の壕が掘られた。

現地での聞き取りでは、「壕の掘削は突撃隊の下で工作隊によっておこなわれた。付近の石屋が動員された。朝鮮人がいた」「動員された人々の食糧は不十分であり、昼夜の労働を強いられた」「兵士は暴力で制裁された」「『防諜《ぼうちょう》』が強化された」という。

戸田の沢海には二三の海竜の壕、御浜に一〇の蛟竜の壕が掘られた。土肥には回天用の一四の壕が掘られた。安良里には震洋の二一の壕が掘られた。田子には震洋と海竜の三六の壕が掘られた。田子には陸軍船舶部隊（暁部隊）の基地もつくられた。

海軍の特攻部隊ではないが、妻良の子浦には海軍警備隊や陸軍の潜水輸送部隊の基地がつくられた。聞き取りによれば、西林寺には、一九四五年三月ころ朝鮮人を含めた混成部隊である横須賀海軍警備隊八〇人ほどが派遣され、壕の掘削をした。壕は境内に三本掘られた。八幡神社には陸軍潜水輸送部隊の兵も泊まり、西林寺対岸の浜の近くには上陸用舟艇を隠す壕が掘られた。

第一五突撃隊の基地は清水の三保にもあった。コンクリート製の一二の震洋用格納庫が構築された。御前崎の下御崎では三一の壕の掘削が計画された。住民を強制移転させて掘り進んだが、震洋用の斜路ができる前に敗戦となった。静岡県西部には湖西市の女河浦に鳥羽を拠点にする第一三突撃隊の壕が掘られた。

石廊崎の長津呂には震洋の一一の壕が掘られた。聞き取りによれば、「徴用された三〇～四〇歳代の人が若い将校にどなられ青竹で殴られていた。壕は火薬をつめて発破して掘りすすんだ」という。石廊崎には横須賀海軍警備隊の特設見張所もおかれた。

湊の手石と小稲にも特攻基地がつくられ、二三の壕が掘られた。壕の入口に氏名が刻まれているものもある。

下田の和歌ノ浦には一九の壕が掘られ、戦闘指揮所もつくられた。柿崎には一五の壕が掘られた。和歌ノ浦の水族館駐車場の左右の山に壕が残っている。下田には陸軍潜水輸送部隊の基地もおかれた。砲兵隊の配備もすすめられ、須崎には洞窟式の水平砲台が建設された。

特攻基地跡（湊・手石）

特攻基地跡（下田・和歌ノ浦）

和歌ノ浦・鍋田浦一帯は軍によって住民の立入が禁止された。下田の防空砲台関連では、機銃陣地用の三本の壕や兵器の格納庫、弾薬庫、機銃庫、送信室などがつくられた。

一九四五年六月一〇日の空襲では下田の了仙寺と理源寺も被害をうけた。「理源寺本堂には朝鮮人二〇数人がいたが、本堂は直撃をうけて全壊した。一人の青年がアイゴーアイゴーと叫んでいた」という証言もある。下田市は二〇〇五年の調査で一〇〇を超える地下壕を確認しているが、これらの多くは戦争末期に掘られた軍用の壕である。

稲取の向井には震洋用の一七の壕が掘られた。住居は強制的に移転させられた。壕の構築作業は海軍設営隊が担い、縄地・蓮台寺の鉱夫や石屋も徴用された。大砲陣地も構築され、特攻用壕の上部に機銃陣地の壕も掘られた。

　熱海市網代には回天用の六本の壕が掘られた。壕のひとつは東大地震研究所下多賀地震測定所として利用されている。網代には水平砲台もつくられた。来宮には陸軍船舶部隊の本部もおかれた。この部隊は伊東港を拠点に網代・宇佐美・川奈などにも配置された。陸軍船舶

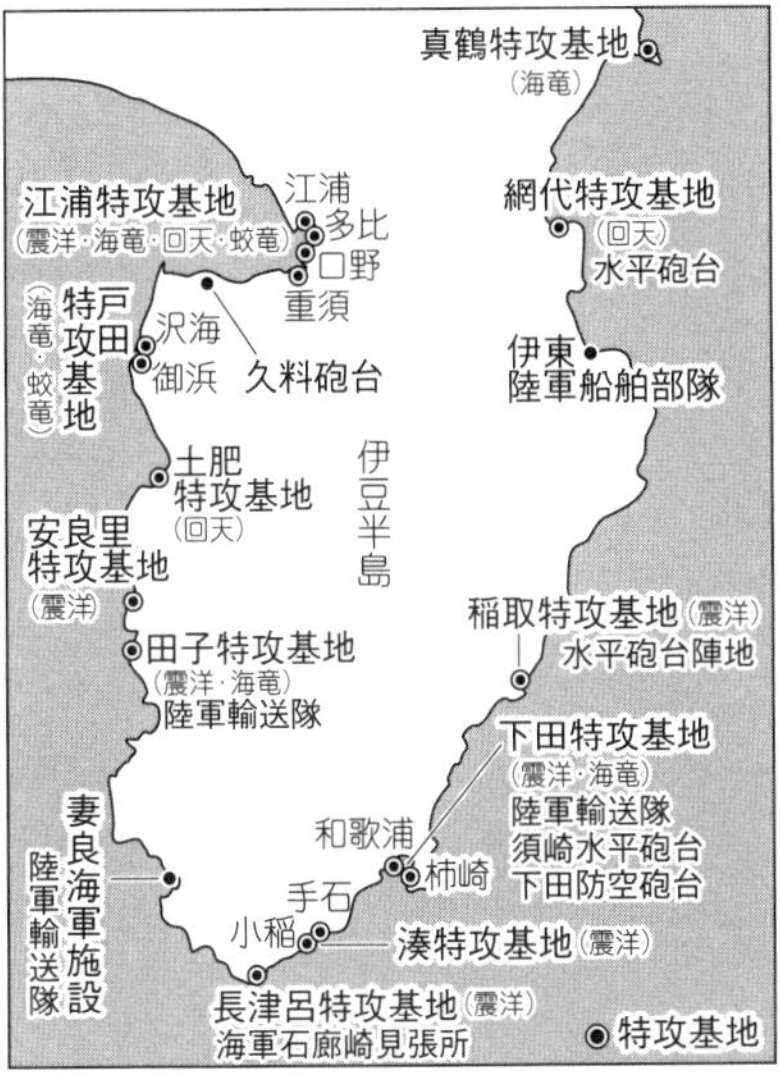

伊豆半島の軍事基地

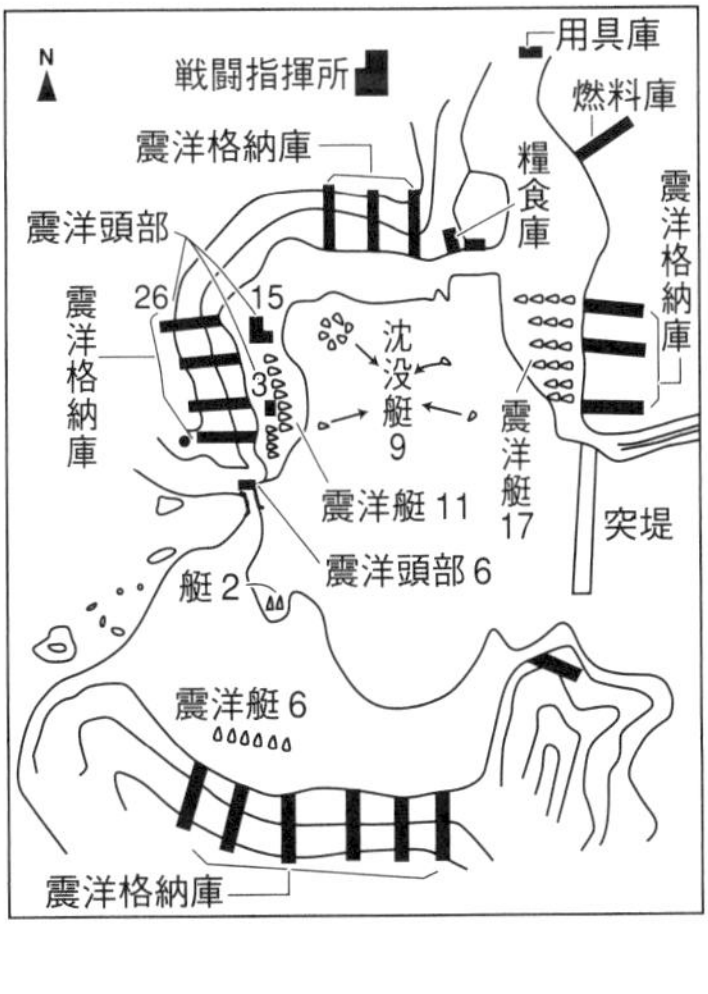

下田・和歌ノ浦の特攻基地

兵とされて伊豆へと連行された朝鮮人もいた。

　特攻基地の跡は、国家が青年を兵器へと改造し、その生命を収奪しようとした歴史を示す。ここでは人間の尊厳が否定され、生命を天皇の国家のために投げ捨てることが美徳とされた。そのような時代を支えた精神は形をかえていまも残る。その精神は偽りの歴史を宣伝し、天皇と軍隊を美化し、死を賛美する。このような偽りに対し、真実を明らかにして過去の誤りに学ぶという人間の方向性を、壕口から聞き取りたい。戦争末期の特攻用の壕口は人間の尊厳と価値を語りかけているように思う。

25　下田空襲と伊豆半島東海岸　（桜井祥行）

伊豆半島下田の軍事基地

下田における軍事基地の始めは、一九三七（昭和一二）年四月の防空法・防空委員会法の制定により、防空監視隊本部が下田に置かれたことである。防空監視哨は見晴らしの良い高い山に設置され、北湯ヶ野から箕作地蔵山に移った監視哨跡が残されている。一九四四（昭和一九）年一一月以降、下田上空は敵機の玄関先となり、往復の航空路となったため、情報収集機関として昼夜監視を行った。

その一九四四年という年は、六月のマリアナ沖海戦、一〇月のレイテ沖海戦の大敗によって連合艦隊は海上決戦兵力の大部分を失ったため、本土決戦の戦力は航空特攻と水中水上特攻戦力のみとなった。大本営陸軍部は一九四五（昭和二〇）年九月頃から連合軍の本土進攻を予想し、本土決戦作戦計画を進め、その年の一月二〇日に「帝国陸海軍作戦計画大綱」が定められた。

これにより第一特攻隊が編成され、浦賀水道〜相模湾〜駿河湾〜遠州灘の海域の防衛を担当することになった。その指揮下の中で第一六突撃隊（一六嵐部隊）の本部が下田に開設さ

下田市柿崎の海沿いにある格納壕跡

れた。同隊は相模湾方面をその攻撃海域とした。七月一日には、この一六嵐部隊第五七震洋隊が和歌ノ浦基地に集結し、洞窟格納壕が築造された。格納壕の規格は幅三m、高さ二・五m、長さ五〇mほどであった。

「震洋」（通称青蛙）と呼ばれる特攻艇は、濃い緑色で塗装されたベニヤ板製の小型高速モーターボートで、爆薬を積んで敵艦に突入する兵器で、一人乗りと二人乗りが作られた。

しかしながら実戦に参戦することなく、進駐軍の手により破壊海没された。

下田の空襲

一九四四（昭和一九）年一一月二四日の正午過ぎ、マリアナ諸島基地から飛び立った米軍爆撃機Ｂ29から、二五〇キロ爆弾が下田湾に投下され、巨大な水柱が立った。この爆撃機の目的は、東京の中島飛行機武蔵工場爆撃にあり、その途中に位置した下田は本土爆撃の最初の被害を受けた。一九四五年に入ってから国内各地が米軍機の空襲を受ける中、下田も空襲の標的となり、四月から隔月で大きい空襲被害にあっている。

同年四月一二日、陸軍の一個中隊が高速輸送艇に乗艇するために旧下田市場河岸に集結中、B29機が襲撃し、中原町、原町、池之町付近が被害地となり民間人五三人が犠牲となった。

陸軍潜水輸送艇慰霊碑〔鎮魂碑〕（下田市大浦）

この模様について、「下田国民学校校務日誌」には次のように記されている。

防空訓練中、警戒警報発令、情報ハ急ヲ要スルト認メ、全生徒ヲ帰宅セシム。B29、一機来襲シ町内ニ投弾ス。死亡児童五名、重傷一名、家ヲ失イタル者一一名、家族全員犠牲トナリタル者二名、軍、民間ノ犠牲者五七名ニ達シ、一三〇メートル距離間ニ一一発投弾アリ、家屋ノ全壊一五戸、半壊二三戸、被服ヲ失イタル九名、校舎ノガラス破壊損大、奉安殿御安泰。憤激ノ血躍ルヲ覚ユ

六月一〇日、了仙寺境内に退避中の一六嵐部隊の一隊

がB29機に発見され、襲撃された。このため了仙寺本堂裏の防空壕に避難していた住民一〇数人が死亡、隣の理源寺も全潰した。

八月八日、B29機二機が大賀茂出口及び広岡八幡地区に五〇〇キロ爆弾を投下、九人が死亡した。

八月一三日、グラマンF6Fヘルキャット四〇余機が急襲し、下田港内（鍋田湾）に停泊、接岸中の輸送船、タンカー等を反復銃撃した。この中で停泊中の八号艇を襲撃し、爆弾は艇の中央部に命中したため、瞬時にして沈没し、乗組員一〇人が死亡した。

この頃には本土防衛の最前線となった伊豆諸島への輸送は、従来の漁船や汽船は全く不通となったため、高速艇や潜水艇が利用されていた。八号艇は潜水輸送艇で、昼間の航海は危険なため、夜間を利用しながら下田と八丈島を往復しているところであった。この爆撃被害にあったのは、それこそ終戦二日前のことであった。

つまり、戦争終結の八月一五日直前まで下田の町は空襲の被害を受けたのである。

コラム　自在丸と大崎丸（桜井祥行）

自在丸の沈没

自在丸殉国慰霊碑（下田市田牛）

下田市田牛《とうじ》の断崖手前に、自在丸殉国者慰霊碑が建てられている。これは一九四五（昭和二〇）年七月二一日の午前一一時頃、下田沖にて自在丸が、米軍Ｂ24型の二機の襲撃を受けて沈没し、船長松田吾一外乗組員一二人が戦死したことに対する慰霊碑である。

自在丸は機銃二基を装備した軍用船であり、伊豆を基地としていた第一五、一六両嵐部隊の軍用品一切を横須賀から沼津江浦間の往復輸送の任務を担っていた。

襲撃を受けた自在丸は火災により沈没し、地元田牛の警防団や婦人会が遺体収集に動き、海底を海女たちが探索し、焼けただれた遺体の一部を発見した。

大崎丸揚繰網戦災殉職者精霊供養塔
（伊東市宇佐美）

襲撃された大崎丸

自在丸沈没の翌日、B24型爆撃機は初島沖に現れる。当日、伊東市の宇佐美や熱海市の網代の漁師たちは、揚繰網漁船の大崎丸に乗り込んでマグロ漁に出ていた。網にかかったマグロを引き揚げるために停泊していたところ、米軍機がこの大崎丸を奇襲した。このため、当時の証言には、「初島の海は、死人やけが人の血で真っ赤に染まった」とある。轟音後、真鶴から救助艇（徴用漁船）が救助に駆けつけ、そのまま真鶴に上げたが、宇佐美の一四人、網代の五人、総計一九人が亡くなった。

船は二隻で、木造のため水没しきれず海を漂い、一隻は真鶴へ、もう一隻は初島へ曳かれた。後者が宇佐美の漁船の大崎丸だったのである。

現在、伊東市宇佐美にある行蓮寺には、宇佐美側の一四人の名を刻んだ供養碑が建立されている。

26　戦争と軍隊への抵抗の足跡（竹内康人）

静岡県内での戦争と軍隊への抵抗の足跡をみてみよう。

日ロ戦争のころにはキリスト教社会主義者であった白石喜之助の活動があった。白石は一九〇〇年に掛川教会に赴任し、一九〇一年に社会主義協会に加入していた。

日ロ戦争は一九〇四年二月にはじまったが、同年四月に発行されたメソジスト教会の週刊紙『護教』の第六六三号には白石の「予が非戦論」が掲載された。この論文は開戦前に記されたものとみられるが、ここで白石は「戦争は罪悪」、キリスト教は「仁慈」「愛敵」「平和主義」の宗教であるとし、主戦論を批判した。白石は当時の戦争賛美の声を「殺人の蛮歌」と表現している。また、六月に出された『社会主義』第八号に「予が戦争観」を執筆し、日清戦争で利益をあげたものは三井などの「奸商」であり、日ロ戦争では少数資本家が利益をあげ、戦争の罪悪によって民衆が苦しんでいることを記し、この戦争は政府と資本家制度の罪悪によるものと批判した。

白石は日ロ戦争中の一九〇四年六月に浜松教会に転任した。同年九月には東海道で演説活動中の西川光次郎が白石宅に泊まり、浜松の勝閧亭で満員の演説会をもった。一一月には小田頼造と山口義三が「社会主義伝道行商」の途次に訪問し、白石宅で『曳馬の友』や『曳馬新報』を出してきた種子謙三らと会談、気賀では江塚咲太郎・中村巻三らとともに活動し、演説会をもち外山織作宅に泊まった。

このような活動をみると、主戦論が宣伝され戦争協力がすすめられたなかで、戦争を批判する人々を地域で受け入れてともに活動した人々がいたことがわかる。日ロ戦争期のこのような非戦論の影響もあって大杉栄は社会主義運動に入った。大杉は一九二三年九月の関東大震災時に東京で憲兵隊によって殺されたが、かれの墓と追悼碑が静岡市の沓谷霊園にある。

大杉栄の墓（静岡市沓谷霊園）

戦争に反対する思想と運動は第一次世界戦争後に活発なものになる。民衆運動の高まりのなかで、国家権力による徴兵忌避の活動への弾圧も強化された。一九二二年六月、浜松の憲兵隊は馬郡の西本徳寺の住職らを徴兵忌避祈祷で取り調べ、一九二五年二月、静岡第三四連隊司令部が竜爪山穂積神社の名を借りた徴兵忌避護符を調査、一九二六年五月、浜松の憲兵隊が掛塚の貴布禰神社の徴兵忌避祈願を取り調べ、一九二八年六月、静岡の憲兵隊が中等学校教員の徴兵忌避を取り調べといった事例がある（『静岡県労働運動史』年表）。

このような動きは「軍隊に行きたくはない」「戦争で死にたくはない」という想いが民衆のなかに根強くあったことを示している。

労働者・農民の運動では、一九二五年末に静岡県無産青年同盟が結成され、翌年、全日本無産青年同盟静岡県支部となった。同盟の結成期にもたれた協議会では「軍事教育反対に関する声明書」が出されている。一九二六年末にはこの無産青年同盟を核に労働農民党静岡県支部が結成された。労働農民党は静岡・清水・浜松・志太・駿豆などで活動をすすめたが、争議の支援とともに「対支非干渉運動」をすすめ、中国への介入に反対している。一九二七年に静岡・清水・浜松での地域合同労働組合によって取り組まれた第八回メーデーでは、八時間労働制獲得の要求に加えて「対支絶対非干渉」のスローガンが出されている。

しかし、政府は一九二八年の三・一五事件で共産主義や労農運動を弾圧し、戦争への反対運動を担っていた人々も検挙した。これに対し、一九二八年五月には新党建設をめざして県内で準備会がもたれ、そこで「労働者農民・無産青年を犠牲とする山東出兵絶対反対」のスローガンが出されている。しかし、これらの再建運動は一九二九年の四・一六事件による弾圧で破壊された。

侵略戦争の拡大によって運動への弾圧はさらに強められ、一九三三年三月には新興教育同盟県準備会の関係者が掛川などで検挙され、同年の九・一八事件によって一一月までに日本労働組合全国協議会などの関係者が一五〇人ほど検挙された。弾圧は兵営内にも及び、同年一一月、三島の野戦重砲兵第二連隊で落書事件によって長谷川美作が検挙された。また一九三四年五月には同隊の斎藤正雄が兵営内で反戦ビラを配布したことで検挙された。兵営内でも果敢に反戦活動がおこなわれたことがわかる。なお、一九三二年三月一日の夜には、上海への兵を乗せた軍用列車が掛川駅を通過する際に、社会青年同盟員がビラを撒いて検束された。

弾圧はつづき、一九三五年にはアナキズム関係者や大本教関係者が検挙され、一九三六年にはメーデーが禁止された。

静岡高等学校では開校翌年の一九二三年に社会思想の研究会が組織された。一九二九年には運動部選手制度廃止などを要求しストライキをおこなったが、一九三〇年には弾圧・検挙された。一九三一年五月には「御親閲予行演習」を拒否し帰校するという行動があったが、その後、検挙が繰り返されていった。当局の「思想善導」対策によって運動部が復活させられたが、戦時下も文学研究を偽装しての活動が続いた。

被差別部落の解放をめざして活動していた全国水平社静岡県連合会は一九三〇年に軍隊内での差別をなくすために豊橋連隊糾弾闘争をおこなった。一九三三年には高松差別裁判糾弾闘争を県内で繰り広げた。当時水平社は帝国主義戦争に反対し、反ファシズムを掲げていた。

熱海では一九三三年に崔南守らによって東豆労働組合が結成された。この組合は朝鮮人の失業者運動から結成され、朝鮮人と日本人が共同し、熱海伊東線工事現場などで労働運動をおこなった。一九三七年三月、東豆労働組合が関与した日本労働組合全国評議会を中心に日本無産党が結成されると、組合員らは日本無産党の熱海支部（準備会）を結成し、静岡・沼津・伊東などの同志と連携を図ったが、一九三七年一二月に人民戦線事件弾圧によって検挙された。

一九三七年一一月には新興仏教青年同盟の菅原道顕らも小笠郡で検挙された。新興仏教青年同盟は搾取や私有のない社会を求め、反戦、反ファシズム、反資本主義を掲げた。菅原道顕たちは上土方にある宗源庵を拠点に活動していた。

一九三八年には人民戦線弾圧に関連して『東海文学』メンバーが検挙された。一九四〇年には県内のさまざまな運動団体が解散を強制され、同年一二月には大政翼賛会が結成されたが、翌年、大政翼賛会沼津支部では人民戦線的運動を口実に弾圧事件が起きた。

一九四二年には生活主義教育運動で生活綴方をすすめる教員たちが検挙され、一九四三年には静岡実践教育連盟の形で活動してきた教育科学研究会のメンバーも検挙された。現実の生活から真実を追究しようとする教育活動さえ許されなかったのである。戦時体制のもとで、多くの青年が勤労動員による労働を強いられたが、富士に動員された掛川中学生が戦争末期に現場から脱走するという抵抗もあった。

戦時下、強制連行された朝鮮人・中国人の抵抗もあった。連行された人々の争議は、朝鮮人では富士川発電、大井川久野脇発電、峰之沢鉱山、土肥鉱山、持越鉱山、宇久須鉱山などであり、中国人では富士飛行場、峰之沢鉱山、戦線鉱業仁科鉱山などであった。戦時の強制連行・強制労働に抵抗し、奴隷状況からの解放を求めた人々の想いは連行現場の各所にあったといえるだろう。

ここでみてきたように、治安維持法や新聞紙や集会などの条例を利用して戦争国家による大弾圧がおこなわれた。一九二〇年代から四〇年代にかけての県内での検挙者数は一〇〇〇人を超えるとみられる。検挙されて拷問を受け、獄中で生命を失った人もいる。思想転向を強要されて、自らの想いとは別の行動を強いられた人もいる。アジア各地の戦場に送られて帰ることができなかった人も多い。戦争に反対する動きを圧殺することによって侵略戦争がおこなわれたのである。

一九六九年に「静岡県解放戦士の碑」が静岡市沓谷の愛宕霊園に建てられた。これは戦前・戦中に社会運動で活動した人々の追悼碑である。治安維持法被害者の国家賠償の要求は続いている。弾圧された人々の尊厳の回復はいまもなされてはいない。

戦争と軍隊に反対する活動にはさまざまなものがあった。すでに日ロ戦争期から、小さな活動ではあったが、戦争を罪悪と認識し、戦争を批判する行動が地域で始まっていたことは、高く評価すべきであろう。また、軍隊を忌避し、戦争に反対し、抵抗のなかで弾圧された人々の想いを語りついでいくことも必要だろう。

静岡県解放戦士の碑（静岡市沓谷・愛宕霊園）

戦争に反対し抵抗した人々の足跡は県内各地にある。そのような人々の想いや足跡を街のなかの風景から見つけていくことも歴史を歩く旅のひとつである。また、その学びのなかから新たな歴史を創造する旅へと出立することもできる。

参考文献

1　引佐町凱旋門を造った人々

『静岡県史　通史編五　近現代二』（静岡県・一九九六年）
『静岡県の近代化遺産』（静岡県教育委員会・二〇〇〇年）
荒川章二『軍隊と地域』（青木書店・二〇〇一年）
「山田の凱旋門」現地解説板（姶良町教育委員会・二〇〇二年）
「戦争文化財　指定・登録文化財一覧」（『戦争遺跡保存全国ネットワークニュース』No.一七・二〇〇八年）

2　新居の浜名海兵団跡

「『阪復』静岡県区内接収関係」（防衛省防衛研究所所蔵資料）
『戦争と新居』（新居町教育委員会・一九九七年）
杉浦克己『艦砲射撃のもとで』（ぺんぺん草庵・一九九七年）
戦争遺跡保存全国ネットワーク編『日本の戦争遺跡』（平凡社・二〇〇四年）

3　陸軍浜松・三方原飛行場関連遺跡群

飛行第六〇戦隊小史編集委員会『飛行第六〇戦隊小史』（飛行第六〇戦隊会・一九八〇年）
矢田勝「浜松陸軍飛行第七連隊の設置と一五年戦争」（『静岡県近代史研究』第一二号・一九八六年）
荒川章二『軍隊と地域』（青木書店・二〇〇一年）

4 浜松空襲の痕を歩く―浜松空襲関連遺跡群―

『浜松大空襲』（浜松空襲・戦災を記録する会・一九七三年）
『大空襲　郷土撚ゆ　静岡県戦災の記録』（静岡新聞社・一九七五年）
『偲ぶ草』（浜松市戦災遺族会・二〇〇〇年）
浜松市石造文化財調査会『浜松市石造文化財所在目録』（浜松市教育委員会・二〇〇一年）
阿部聖『米軍資料から見た浜松空襲』（あるむ・二〇〇六年）
『浜松の戦争史跡』（人権平和浜松・二〇〇五年）
『浜松磐田空襲の歴史と死亡者名簿』（人権平和浜松・二〇〇七年）

5 本土決戦準備と浜松平野

矢田勝「浜松陸軍飛行第七連隊の設置と十五年戦争」（『静岡県近代史研究』第一二号・一九八六年）
村瀬隆彦「本土決戦準備期県内配置の主要陸軍部隊の概要（『静岡県近代史研究』第一六号・一九九〇年）
竹内康人「浜松陸軍飛行学校と航空毒ガス戦」（『静岡県近代史研究』第二八号二〇〇二年）

6 天竜飛行場と明野教導飛行団

村瀬隆彦「明野陸軍飛行学校分教場」（静岡県近代史研究会『史跡が語る静岡の十五年戦争』青木書店・一九九四年）
近藤キクエ・竜洋町郷土研究会『明野陸軍飛行学校天竜分教所』（一九九五年）
藤本光一「袖浦村における飛行場建設と朝鮮人労働者の動員について」（『文芸竜洋』第一三号・一九九七年）
竜洋町史編さん委員会『竜洋町史資料編Ⅱ　近現代』（磐田市・二〇〇六年）
同会『竜洋町史通史編』（同市・二〇〇九年）
※当時の史料は、飛行場開設時（一九四二年三～五月）の勤務日記（鈴木正高氏筆）が

磐田市歴史文書館（旧竜洋町史編さん室）に所蔵されている。

7
南遠に広がる演習場—陸軍遠江射場—
浅岡芳郎『南遠の記録—陸軍遠江射場と住民』（一九八五年）

8
中島飛行機工場の疎開先—掛川・中島飛行機地下工場跡—
『絣のもんぺ』（静岡県退職婦人教師の会小笠支部・一九九一年）
『掛川市における戦時下の地下軍需工場の建設と朝鮮人の労働に関する調査報告書』（掛川市・一九九七年）
朝鮮人強制連行真相調査団『朝鮮人強制連行調査の記録・中部東海編』（柏書房・一九九七年）

9
大井海軍航空隊と地下壕
林尹夫『わがいのち月明に燃ゆ—一戦没学徒の手記』（筑摩書房・一九六七年）
朝日新聞静岡支局『静岡の戦争』（彩流社・一九八五年）
松本芳徳『大井海軍航空隊』（菊川資料ハウス・一九九〇年）

10
島田空襲は原爆投下訓練だった
『五トン爆弾を投下せよ！』（春日井の戦争を記録する会・一九九一年）

奥住喜重・工藤洋三・桂哲男訳『米軍資料・原爆投下報告書』（東方出版・一九九三年）
土居和江・小屋正文・小林大治郎『原爆投下訓練と島田空襲』（静岡新聞社・一九九五年）
工藤洋三・奥住喜重『写真が語る原爆投下』（二〇〇五年）

11 日露戦争関連死者の木像・常昌院

大正時代発行の志太郡内各町村誌　※詳細なデータは一覧化して左記村瀬論文に掲載
『志太郡誌』（一九一六年）
『岡部史談』第一集（岡部町文化財保存協会・一九八一年）
清水実「静岡県民の日露戦争戦傷病死者数について」（『静岡県近代史研究会会報』第一一三号・一九八八年）
原田敬一『国民軍の神話　兵士になるということ』（吉川弘文館・二〇〇一年）
荒川章二『軍隊と地域』（青木書店・二〇〇一年）
村瀬隆彦「志太郡関係日露戦争死没者について」（『藤枝市史研究』第九号・二〇〇八年）

12
静岡陸軍墓地の個人墓
原田敬一『国民軍の神話　兵士になるということ』（吉川弘文館・二〇〇一年）
村瀬隆彦「静岡陸軍墓地個人墓について」（『考古学論文集　東海の路』二〇〇二年）
村瀬隆彦「丸尾勉のふたつの墓」（『静岡県近代史研究』第二八号・二〇〇二年）
村瀬隆彦「志太郡関係日露戦争死没者について」（『藤枝市史研究』第九号・二〇〇八年）
※本文中に記したものを除く
13
歩兵第三四連隊関連の遺構
静岡連隊史編さん会『歩兵第三十四連隊史』（静岡新聞社・一九七九年）
静岡県近代史研究会『近代静岡の先駆者』（静岡新聞社・一九九九年）
『静岡県の近代化遺産』（静岡県教育委員会・二〇〇〇年）
河野仁『〈玉砕〉の軍隊〈生還〉の軍隊』（講談社・二〇〇一年）

14
静岡空襲の痕を歩く──静岡空襲関連遺跡群──
『静岡市空襲の記録』（静岡市空襲を記録する会・一九七四年）
『静岡県の近代化遺産』（静岡県教育委員会・二〇〇〇年）

『登録文化財「遍界山不去来庵」本堂の建築』（伊豆屋伝八文化振興財団・二〇〇二年）
『静岡・清水空襲の記録』（静岡平和資料館をつくる会・二〇〇五年）

コラム　焼け残った不去来庵

「不去来庵」パンフレット（伊豆屋伝八文化振興財団・一九九四年）
『登録文化財「遍界山不去来庵」本堂の建築』（伊豆屋伝八文化振興財団・二〇〇二年）
『静岡・清水空襲の記録』（静岡平和資料館をつくる会・二〇〇五年）

15 清水空襲の痕を歩く—清水空襲関連遺跡群—

『五〇年の歩み』（カトリック清水教会・一九八五年）
『静岡・清水空襲の記録』（静岡平和資料館をつくる会・二〇〇五年）

16 特攻艇「震洋」と三保半島

『静岡県の近代化遺産』（静岡県教育委員会・二〇〇〇年）
二階堂清風『海の墓標』（鳥影社・二〇〇四年）
吉田裕『シリーズ日本近現代史⑥アジア・太平洋戦争』（岩波新書・二〇〇七年）

17 戦争と日軽金・富士川発電工事

静岡地理教育研究会『富士川の変貌と住民』（大明堂・一九七六年）

「戦時中のアルミニウム鉱山について」（静岡県立松崎高校郷土研究部・一九八二年）
金浩「日本軽金属による富士川発電工事と朝鮮人労働者動員」（『在日朝鮮人史研究』第一九号・一九八九年）
朝鮮人強制連行真相調査団『朝鮮人強制連行調査の記録・中部東海編』（柏書房・一九九七年）

18
中国人強制連行と陸軍富士飛行場

加藤善夫「静岡県における中国人強制連行事件」（『静岡県近代史研究』創刊号・一九七九年）
加藤善夫「富士飛行場と中国人強制連行」（『郷土誌　ききょうの里』一九八九年）
土屋芳久「富士にも特攻隊の基地があった」（『平和の伝言』第三集　全日本年金者組合富士地域支部・二〇〇五年）

19
陸軍少年戦車兵学校跡の戦車

陸軍少年戦車兵学校『少戦校状況説明書』（防衛省防衛研究所所蔵資料・一九四五年）
『手記少年戦車兵』（若獅子会・一九七一年）
加藤善夫「富士山麓に陸軍少年戦車兵学校」（静岡県地域史教育研究会『静岡県民衆の

歴史を掘る』一九九六年）

※文中に記したものは除く

20

沼津空襲の痕を歩く—沼津空襲関連遺跡群—

記事「埋めた砲弾が心配」（『沼津朝日』一九六五年三月二五日）

『大空襲　郷土燃ゆ　静岡県戦災の記録』（静岡新聞社・一九七五年）

『沼津技研物語』（沼津技研物語編集委員会・一九八一年）

『忘れまい沼津大空襲』第三集（沼津大空襲を綴る会・一九八四年）

青木栄実「沼津爆撃の傷跡」（『沼津朝日』一九九一年二月八日・「言いたいほうだい」欄）

「沼津の戦争遺跡」（『沼津市明治史料館通信』第三四号・一九九三年）

『佐々木古桜　戦中絵日記』（沼津市教育委員会・一九九四年）

『昭和の戦争と沼津』（沼津市明治史料館・一九九五年）

梅沢さとこ『いのち』（日本医家芸術クラブ・一九九五年）

『芙蓉　五十周年記念号』（財団法人芙蓉協会聖隷沼津病院・二〇〇〇年）

原田雄紀「沼津市中沢田の高角砲陣地と各地の砲台跡について」（『沼津市史だより』第

一八号・二〇〇七年）

21 戦争と富士裾野演習場

『御殿場市史九　通史編下』（御殿場市・一九八六年）
仁藤祐治『東富士演習場小史』（悦声社・一九七五年）
仁藤祐治『続・東富士演習場小史』（悦声社・一九八五年）
静岡県近代史研究会『史跡が語る静岡の一五年戦争』（青木書店・一九九四年）
静岡地理教育研究会『富士山 世界遺産への道』（古今書院・二〇〇〇年）
荒川章二『軍隊と地域』（青木書店・二〇〇一年）
教育総監部「陸軍野戦砲兵学校、陸軍習志野学校、陸軍科学研究所連合研究演習ニ関スル件」（アジア歴史資料センター所蔵資料・一九三八年九月）

22 馬と重砲・三島野戦重砲兵旅団

『三島市誌』（三島市・一九五九年）
『長泉町史下巻』（長泉町・一九九二年）
桜井祥行「戦没馬考察」（『静岡県近代史研究』第二二号・一九九六年）
土屋壽山『三島の戦跡を尋ねて』（二〇〇五年）

23

伊豆の温泉と学童疎開―熱海温泉竜宮閣―

枝村三郎「静岡県における学童集団疎開―アジア・太平洋戦争下のこども達―」(『静岡県近史研究』第一八号・一九九二年)

花井信「静岡県における学童集団疎開史ノート」(『静岡県史研究』第九号・一九九三年)

大田区教育資料調査室『平和のいしずえ―大田区の学童集団疎開―』(大田区教育委員会・一九九四年)

加藤好一『再発見　熱海市民の近代史』(二〇〇三年)

太田君男『続・熱海物語』(二〇〇五年)

24

伊豆半島の特攻用地下壕

「本土邀撃特攻関係綴」「突撃隊引渡目録」「嵐部隊引渡目録」(防衛省防衛研究所所蔵資料)

『海鳴り―昭和の戦争と下田―』(下田市・一九九六年)

竹内康人「静岡県の特攻基地建設」(『静岡県近代史研究』第二四号・一九九八年)

25

下田空襲と伊豆半島東海岸

『歴渦　激動の昭和を生きて』（東伊豆町老人クラブ連合会、東伊豆町社会福祉協議会・一九九四年）
『海鳴り―昭和の戦争と下田―』（下田市・一九九六年）

コラム　自在丸と大崎丸

『海鳴り―昭和の戦争と下田―』（下田市・一九九六年）
加藤好一『再発見　熱海市民の近代史』（二〇〇三年）

26

戦争と軍隊への抵抗の足跡

杉山金夫「遠州の非戦論者牧師白石喜之助」（『静岡県近代史研究』第三号・一九八〇年）
静岡県労働運動史編さん委員会『静岡県労働運動史』（静岡県労働組合評議会・一九八四年）
静岡県近代史研究会『史跡が語る静岡の一五年戦争』（青木書店・一九九四年）
治安維持法犠牲者国賠要求同盟静岡県本部『礎をきずいた人々の記録』（一九九七年）

静岡県戦争遺跡一覧（二〇〇九年六月現在）

※典拠文献196ページ参照

番号	戦争遺跡名	所在地	現状等	※典拠番号
1	浜名海兵団・防空壕	新居町新居		11・13
2	浜名海兵団・大倉戸・橋本・源太山陣地	新居町新居・内山・浜名	山林・湊神社裏山	11・13・22
3	白須賀・トーチカ・壕	湖西市白須賀		3・6
4	利木・吉美　軍地下壕	湖西市利木・吉美		3
5	鷲津・トーチカ	湖西市鷲津		6
6	飛行第7連隊・将校集会所	浜松市中区葵東	本田技研クラブハウス	2
7	菩提寺・被爆墓石	浜松市中区三組町		10
8	第1航測連隊・桜並木	浜松市中区小豆餅		10
9	凱旋紀念門	浜松市北区引佐町渋川	六所神社	1・2
10	円通寺・被爆門	浜松市東区植松町		10
11	神ヶ谷・大人見地下壕	浜松市西区神ヶ谷町・大人見		3

12	陸軍熱戦吸着爆弾研究	浜松市西区舘山寺	旅館・浜名湖	1
13	被爆土蔵	浜松市中区木戸町		10
14	大聖寺・被爆灯篭	浜松市中区幸		10
15	浜松銀行協会・被爆建築	浜松市中区栄町		
16	久根鉱山跡	浜松市天竜区佐久間町	朝鮮人強制労働	20
17	浜松陸軍憲兵隊・石柱	浜松市中区鹿谷	鹿谷町南交差点横	10
18	高射砲第1連隊・門・土塁	浜松市中区城北	静岡大学	10・12
19	被爆・夢告地蔵像	浜松市中区新町		10
20	浜松空襲被災木・プラタナス	浜松市中区砂山 等	駅前・飯田公園・浜松城公園	10
21	浜松陸軍墓地・石柱	浜松市中区住吉	青少年の家横・公園	10
22	静岡銀行浜松支店・被爆建築	浜松市中区田町		10
23	峰之沢鉱山・選鉱場跡	浜松市天竜区龍山町	中国人・朝鮮人強制労働	1・20
24	都田・軍地下壕	浜松市北区都田町		3
25	民家・被爆壁	浜松市中区寺島		10

26	冨塚・和合地下壕	浜松市中区冨塚町・和合町	権現谷橋、水神橋、三島神社周辺	3・10
27	三方原爆撃場・掩体	浜松市北区豊岡町	民家	10・18
28	三方原爆撃場・追分監的	浜松市北区豊岡町	幼稚園横	10・18
29	見海院・被爆碑	浜松市中区西伊場		10
30	浜松陸軍飛行学校・哨舎	浜松市西区西山町	浜松基地正門北方	10
31	浜松陸軍飛行学校・本部隊舎	浜松市西区西山町	浜松基地資料館	1・10
32	浜松陸軍飛行学校・地下指揮所	浜松市西区西山町	空自浜松基地内	10
33	基地用排水池「長池」	浜松市北区初生町	公園	2・10
34	第七航空教育隊・門柱	浜松市北区初生町	会社の門	10
35	兵士歓送迎台	浜松市天竜区春野町気田	長蔵寺区	
36	内野・壕	浜松市浜北区内野	赤門上古墳	10
37	尾野・トーチカ	浜松市浜北区尾野	公園内	15
38	アカマツ・松脂燃料採取跡	浜松市浜北区	森林公園 宿泊棟南・遊歩道	
39	宮口・車両壕	浜松市浜北区宮口		15

40	半田・トーチカ	浜松市東区半田町	桜井製作所横	1・13
41	赤松鳥居浄水盤・道標	浜松市北区東三方	東三方神社	10
42	三方原教導飛行団・貯水槽	浜松市北区東三方	（消失）	10
43	三方原教導飛行団・門	浜松市北区東三方	自衛隊官舎	1
44	根本山・第143師団陣地壕	浜松市西区深萩町		10
45	陸軍中野学校二俣分校・石柱	浜松市天竜区二俣町		1
46	浜名用水工事・竪坑・取水口	浜松市天竜区二俣町		10
47	鈴木織機地下工場壕	浜松市天竜区二俣町・阿蔵		3・8
48	気賀・軍地下壕	浜松市北区細江町気賀		3
49	舞阪・防空監視哨基礎跡	浜松市西区舞阪町		16
50	中島飛行機浜松工場・排水路	浜松市東区宮竹町		10
51	有玉西・軍地下壕	浜松市東区有玉西町		3
52	楊子橋・弾痕	浜松市南区楊子町・龍禅寺町	馬込川	10
53	五社神社・被爆碑	浜松市中区利	五社神社内	10
54	龍禅寺・被爆阿弥陀如来	浜松市中区龍禅寺町		10
55	頭陀寺・被爆墓石	浜松市南区頭陀寺町		10

56	高射砲部隊・練兵場	浜松市中区和地山	和地山公園	10
57	陸軍竜洋飛行場・格納庫	磐田市飛平松		1
58	掛塚・防空監視哨・哨舎	磐田市掛塚	堤防	16
59	笠原小・奉安殿	袋井市岡崎	八雲神社本殿	1・2
60	三倉・防空監視哨・聴音壕・建物基礎	森町三倉	山林内	16
61	森町・防空壕	森町飯田・一宮・睦実		3
62	遠江陸軍試射場、旧司令所・観測所・砲弾製造所・旧砲台・隧道	掛川市浜野新田		1・2・7
63	中島飛行機原谷地下工場・飯場	掛川市家代	消失	5
64	中島飛行機原谷地下工場・壕	掛川市遊家・本郷	山林内	1・5・8
65	大井海軍航空隊分遣隊・壕	掛川市吉岡		1・8
66	大井海軍航空隊・講堂	牧之原市布引原	農水省種苗管理センター	1・2
67	大井海軍航空隊・防空施設	牧之原市布引原	茶園内・店舗内	8

68	大井海軍航空隊・地下壕	菊川市沢水加 等	山林内	8
69	遠江陸軍試射場・観的所	御前崎市池新田		2・7
70	門屋・比木・新野防空壕	御前崎市門屋・比木・新野		3
71	御前崎電波警戒	御前崎市御前崎	土産店敷地	12
72	御前崎灯台防空監視所・被弾跡	御前崎市御前崎		1・12
73	御前崎特攻基地壕	御前崎市御前崎	地震観測施設	9
74	神宮寺学童疎開・防空壕	菊川市河東	神宮寺本堂南	1
75	島田海軍実験所牛尾山地下施設跡	島田市金谷・牛尾	消失	1・17・22
76	島田空襲被爆門柱	島田市扇町	普門院	17
77	島田空襲被災木・銀杏	島田市扇町	扇町公園	17
78	久野脇発電所隧道	川根本町上長尾 等	朝鮮人強制労働	1・20
79	藤枝海軍航空隊	焼津市上小杉	空自静浜基地	1・8
80	藤枝海軍航空隊・への字山弾薬庫	藤枝市瀬戸新屋		2・8
81	常昌院・日露戦争死者木像	岡部町内谷		1

82	日本坂トンネル	焼津市小浜	朝鮮人強制労働	20
83	朝比奈川左岸空爆跡	焼津市関方	「バクダン渕」	
84	静岡県庁本館・市役所本館・被爆建築	静岡市葵区追手町		19
85	日赤前・空襲被災木楠	静岡市葵区追手町		19
86	静岡陸軍墓地	静岡市葵区沓谷		19
87	静岡銀行本店・被爆建築	静岡市葵区呉服町		19
88	被爆・静岡雙町由来碑	静岡市葵区駒方通		1
89	歩兵第34連隊・凱旋橋	静岡市葵区城内町	旧兵営裏門	19
90	歩兵第34連隊・ガス訓練講堂	静岡市葵区城東町	北野家住宅	1・2
91	歩兵第34連隊・石柱	静岡市葵区城東町	城東町公民館	1
92	静岡空襲・被災土蔵	静岡市葵区水落町		19
93	歩兵第34連隊・将校集会所	静岡市葵区柚木	護国神社内	2
94	不去来庵本堂壁・被災痕	静岡市葵区両替町		
95	八幡神社・空襲被災木	静岡市清水区・岡町		
96	禅叢寺・被爆木毘蘭樹・被災扁額	静岡市清水区上清水		19

97	清水港運送・埠頭	静岡市清水区日の出町	中国人・朝鮮人強制労働	1・20
98	被爆「國威宣揚」碑	静岡市清水区万世町		19
99	清水砲台・袖師	静岡市清水区袖師町		22
100	清水砲台・有度	静岡市清水区	有度山（日本平）	22
101	朝鮮人遺骨安置堂	静岡市清水区北矢部	火葬場近く	1
102	駒越砲台	静岡市清水区駒越		2
103	清水特攻基地掩蓋壕	静岡市清水区三保		2・9
104	堰沢・防空壕	静岡市清水区蒲原	堰沢	3
105	日本軽金属・富士川発電所隧道	富士市	朝鮮人強制労働	1・20
106	室野・軍地下壕	富士市木島		3
107	間門・地下工場壕	富士市間門		3
108	陸軍富士飛行場跡	富士市五貫島	中国人・朝鮮人強制労働	1・20
109	中井出・軍用壕	富士宮市北山 中井出		3
110	陸軍少年戦車学校・門	富士宮市上井出	若獅子神社門柱	1・2

111	海軍技術研究所音響研究部・桟橋	沼津市内浦重寺	淡島マリンパーク	1
112	江浦特攻基地壕	沼津市江浦	多比・口野・重須の海岸	9
113	海軍技術研究所音響研究部地下工場	沼津市江浦	多比	9
114	東京麻糸紡績沼津工場跡	沼津市大岡	朝鮮人強制労働	20
115	東京都立沼津戦時疎開学園	沼津市我入道	沼津市文化財収蔵庫	1・2
116	沼津空襲弾痕・御成橋	沼津市魚町・市場町	狩野川	1
117	沼津御用邸防空壕	沼津市島郷	御用邸記念公園	1
118	沼津海軍工廠・周辺排水路	沼津市	駅北	1
119	海軍技術研究所音響研究部・燃料倉庫	沼津市下香貫		1・2
120	横須賀海軍警備隊・沼津砲台弾薬庫	沼津市中沢田	高角砲用弾薬庫	2
121	戸田特攻基地壕	沼津市戸田	御浜・沢海、海岸沿い	9
122	久料砲台	沼津市西浦久料		22
123	沼津海軍施設本部実験所・壕	清水町徳倉	香貫住宅裏	3・22
124	中島飛行機三島地下工場・壕	三島市谷田		8・14
125	三ツ谷砲台陣地跡・壕	三島市三ツ谷新田	市山新田に壕	3・14

126	三島西小奉安殿	三島市西若町	天神社本殿	2・14
127	三島東小奉安殿	三島市東町	八幡宮本殿	2・14
128	野戦重砲兵第2連隊・将校集会所	三島市文教町	日本大学記念館	2・14
129	野戦重砲兵第2連隊・門・哨舎	三島市文教町	三島北中学	2・14
130	野戦重砲兵第3連隊・門・哨舎	三島市文教町	三島北小学・JR東海研修所	2・14
131	野戦重砲兵連隊射撃場・石柱	三島市徳倉	石柱（市郷土館保管）	14
132	大場・竹倉・谷田　防空壕	三島市大場・竹倉・谷田		3
133	東田中・軍用壕	御殿場市東田中		3
134	陸軍裾野演習場・監的	御殿場市印野	大日向	2
135	藤曲・防空壕	小山町藤曲		3
136	新丹那トンネル	熱海市	弾丸列車用工事	
137	網代特攻基地壕	熱海市網代	地震観測施設	9
138	網代水平砲台陣地	熱海市網代		21
139	陸軍弾薬物資貯蔵壕	伊東市末広町	大東館	

140	沼津海軍工廠長岡地下工場	伊豆の国市長岡		8・22
141	持越鉱山跡	伊豆市持越	朝鮮人強制労働	20
142	土肥鉱山坑口	伊豆市土肥	朝鮮人強制労働	20
143	土肥特攻基地壕	伊豆市土肥	海岸沿い	9
144	上大見小・奉安殿	伊豆市原保	妙延寺	2
145	河津鉱山跡	下田市蓮台寺	朝鮮人強制労働	20
146	立野・蓮台寺　地下壕	下田市立野・蓮台寺		3
147	白浜・地下壕	下田市白浜	海岸沿い	3
148	中・防空壕	下田市中	丸山	3
149	下田防空砲台　陣地・関係壕	下田市	下田公園ほか	21
150	下田水平砲台・壕	下田市須崎　福浦		21
151	箕作・加増野・防空壕	下田市箕作・加増野		3
152	大賀茂・地下壕	下田市大賀茂		3
153	電波警戒基地跡	下田市須崎	山林内	4
154	和歌ノ浦・柿崎特攻基地壕	下田市三丁目・柿崎	海岸沿い	4・9
155	江奈・地下壕	松崎町江奈		3

156	戦線鉱業仁科鉱山跡（明礬石）	西伊豆町仁科	中国人・朝鮮人強制労働	1・20
157	宇久須鉱山跡（明礬石）	西伊豆町宇久須	中国人・朝鮮人強制労働	20
158	田子特攻基地壕	西伊豆町田子	海岸沿い	1・9
159	安良里特攻基地壕	西伊豆町安良里	海岸沿い	9
160	稲取特攻基地壕	東伊豆町稲取		9
161	稲取水平砲台陣地	東伊豆町稲取		21
162	湊特攻基地壕	南伊豆町手石	海岸沿い	9
163	横須賀海軍警備隊壕	南伊豆町子浦	西林寺内	9
164	陸軍潜水輸送部隊壕	南伊豆町子浦	海岸沿い	9
165	横須賀海軍警備隊見張所・壕	南伊豆町石廊崎		21
166	長津呂特攻基地壕	南伊豆町長津呂	海岸沿い	9
167	湊海軍病院病棟	南伊豆町湊	共立湊病院病棟	1・2

静岡県戦争遺跡一覧　**典拠文献**

1 静岡県近代史研究会『史跡が語る静岡の十五年戦争』（青木書店 ·1994 年）
2『静岡県の近代化遺産』（静岡県教育委員会 ·2000 年）
3『特殊地下壕実態調査』2005 年度・静岡県分（静岡県 ·2005 年）
4『海鳴り—昭和の戦争と下田—』（下田市 ·1996 年）
5『掛川市における戦時下の地下軍需工場の建設と朝鮮人の労働に関する調査報告書』（掛川市 ·1997 年）
6 杉浦克己『艦砲射撃のもとで』（ぺんぺん草庵 ·1997 年）
7 浅岡芳郎『南遠の記録—陸軍遠江射場と住民』（1985 年）
8「戦時下静岡県の地下工場・飛行場建設と朝鮮労働者動員」『静岡県近代史研究』18·19（静岡県近代史研究会 ·1992 年、1993 年）
9「静岡県の特攻基地建設」『静岡県近代史研究』24（静岡県近代史研究会 ·1998 年）
10『浜松の戦争史跡』（人権平和浜松 ·2005 年）
11 十菱駿武・菊池実『しらべる戦争遺跡の事典』（柏書房 ·2002 年）
12 十菱駿武・菊池実『続・しらべる戦争遺跡の事典』（柏書房 ·2003 年）
13 戦争遺跡保存全国ネットワーク『日本の戦争遺跡』（平凡社 ·2004 年）
14 土屋寿山『三島の戦跡を訪ねて』（2005 年）
15 伊藤厚史「愛知県東部における本土決戦準備 3」『三河考古』13 （三河考古刊行会 ·2000 年）
16 清水啓介「東海軍区の防空体制について 1」『あゆち潟』7（あゆち潟の自然と歴史に親しむ会 ·2001 年）
17 小屋正文・小林大治郎・土居和江『明日までつづく物語』（平和文化 ·1992 年）
18『下滝遺跡群 浜松市半田土地区画整理事業に伴う埋蔵文化財発掘調査報告書 本文編』（浜松市文化協会 ·1997 年）
19『静岡・清水空襲の記録』（静岡平和資料館をつくる会 ·2005 年）
20 朝鮮人強制連行真相調査団『朝鮮人強制連行調査の記録 中部東海編』（柏書房 ·1997 年）
21『嵐部隊引渡目録』（第 2 復員局・防衛省史料）
22『「阪復」静岡県区内接収関係』（第 2 復員局・防衛省史料）

※「全国戦争遺跡リスト」（『続・しらべる戦争遺跡の事典』所収）の静岡県分リストに補充して作成。戦争碑については未収録。

このほかの史跡についての情報がありましたら、静岡県戦争遺跡研究会までご連絡下さい。

（連絡先）作成者　竹内康人（FAX：053-422-4810）

おわりに

静岡県でも近現代の戦争についての研究や遺跡調査が進められている。沼津・富士・焼津・藤枝・島田・浜松等各市の博物館や、各地の教育委員会では、遺物の収集だけではなく、発掘調査による遺構の確認等をすすめている。しかし、この冊子の参考文献をみると、市民のボランティアによる調査によって、多くの事実が集められていることがわかる。市民が手弁当で運営している静岡平和資料センターや、各地で開催される戦争から平和を考えるつどいなど、民間団体・個人による丹念な掘り起こしが続けられ、それを、静岡県近代史研究会など民間の研究団体や個人がまとめ、活字となっているのである。その成果の上に、『静岡県史』等の自治体史や、県教育委員会の調査報告書が乗っている、と考えるのが妥当である。各地に残る遺構・遺物も、いわれを知る所有者たちが、個人で経費を負担して修理を重ねつつ、未来に残そうと苦心している例が実に多い。

戦争は、ある国家がある国家に意思を強要する政治行為である。もちろん、国家の意思はなんらかのかたちで国民の意思を汲んで決定されるから、国民は戦争に対して何の責任も負わない、とはいえない。しかし、指導者が政治をすすめるのに際して、戦争という手段を選択した以上、当然責任は国民よりも重い。したがって、戦争のもたらした結果には、まず国家が責任を負うことになるだろう。しかし、すでに約六〇年前に戦闘行為が終わったアジア・太平洋戦争でさえ、立場の違いはあっても、戦争に関連した人々の国家に対する訴えを、二一世紀に入った現在でも耳にする。これは、アジア・太平洋戦争が、一人一人に与えた影響の大きさ強さを示すとともに、戦争と戦後処理に対する、国家の姿勢を問う機会となっている。

戦争遺跡の保存・継承についても、類似した傾向をみることができる。県内の各地に残る戦争遺跡は、その残された経緯からしても、個人の努力にまかせてしまうのではなく、まず、国家によって保護・継承されていくべきものである。

本書の刊行以前から、本書に掲載されている遺跡は、戦争を伝えるものとして、地域で意識されてきたものが多い。本書の刊行によって、これらの遺構が、戦争遺跡として再認識され、保存・継承につながっていくことを、執筆者一同願っている。

最後に、本書を企画され、きびしい経済情勢のなか、出版の機会を与えて下さった静岡新聞社出版部に、感謝申し上げる。

村瀬隆彦

執筆者紹介（五十音順）

浅岡芳郎　袋井市在住。二〇〇三年まで県内の高校に勤務
浅見幸也　静岡市葵区在住。静岡市歴史教育者協議会会員。静岡平和資料館をつくる会会員
伊藤和彦　静岡市葵区在住。高校教員。歴史教育者協議会会員
加藤善夫　富士市在住。静岡県近代史研究会会員。平和のための富士戦争展実行委員
北原　勤　菊川市在住。静岡県近代史研究会会員。菊川市戦争体験を伝える会代表
桜井知佐子　静岡市葵区在住。静岡平和資料館をつくる会会員
桜井祥行　伊豆の国市在住。伊豆の国市文化財保護審議委員。伊豆学研究会理事
鈴木玲之　静岡市清水区在住。眼科医。静岡平和資料館をつくる会会員
高柳友彦　東京都足立区在住。慶應義塾大学先導研究センター研究員。静岡県近代史研究会会員
竹内康人　浜松市東区在住。近現代史研究、社会運動史・アジア関係史など
佃隆一郎　愛知県西尾市在住。大学非常勤講師。二〇〇九年まで竜洋町史編さん専門委員
土居和江　藤枝市在住。静岡県近代史研究会会員。元島田学園高等学校教員
新妻博子　宮城県仙台市青葉区在住。静岡平和資料館をつくる会会員
樋口雄彦　千葉県成田市在住。静岡県近代史研究会会員
村瀬隆彦　藤枝市在住。静岡県近代史研究会会員。静岡平和資料館をつくる会会員

静岡県の戦争遺跡を歩く

静新新書　033

2009年8月11日初版発行
2015年8月15日2刷発行

著　者／静岡県戦争遺跡研究会
発行者／大石　剛
発行所／静岡新聞社
〒422-8033　静岡市駿河区登呂3-1-1
電話　054-284-1666

印刷・製本　図書印刷
・定価はカバーに表示してあります
・落丁本、乱丁本はお取替えいたします

ISBN978-4-7838-0356-0 C1295